PROCESSO PENAL
DO BRASIL E DE PORTUGAL

L.G. GRANDINETTI CASTANHO DE CARVALHO
(ORGANIZADOR)
GERMANO MARQUES DA SILVA
GERALDO PRADO
NUNO BRANDÃO

PROCESSO PENAL DO BRASIL E DE PORTUGAL

*Estudo comparado
As reformas portuguesa e brasileira*

PROCESSO PENAL DO BRASIL E DE PORTUGAL

AUTORES
L.G. GRANDINETTI CASTANHO DE CARVALHO (Organizador)
GERMANO MARQUES DA SILVA
GERALDO PRADO
NUNO BRANDÃO

EDITOR
EDIÇÕES ALMEDINA, SA
Av. Fernão Magalhães, n.º 584, 5.º Andar
3000-174 Coimbra
Tel.: 239 851 904
Fax: 239 851 901
www.almedina.net
editora@almedina.net

PRÉ-IMPRESSÃO | IMPRESSÃO | ACABAMENTO
G.C. – GRÁFICA DE COIMBRA, LDA.
Palheira – Assafarge
3001-453 Coimbra
producao@graficadecoimbra.pt

Janeiro, 2009

DEPÓSITO LEGAL
287289/09

Os dados e as opiniões inseridos na presente publicação
são da exclusiva responsabilidade do(s) seu(s) autor(es).

Toda a reprodução desta obra, por fotocópia ou outro qualquer
processo, sem prévia autorização escrita do Editor, é ilícita
e passível de procedimento judicial contra o infractor.

Biblioteca Nacional de Portugal – Catalogação na Publicação

Processo penal do Brasil e de Portugal : estudo comparado :
as reformas portuguesa e brasileira / org. L. G. Grandinetti
Castanho de Carvalho
ISBN 978-972-40-3658-8

I – CARVALHO, L. G. Grandinetti Castanho de

CDU 343
      340

SUMÁRIO

Apresentação

Sistemas Processuais do Brasil e Portugal – Estudo Comparado
 L.G.Grandinetti Castanho de Carvalho
 Nuno Brandão

Notas Soltas sobre as Alterações de 2007 ao Código de Processo Penal Português
 Germano Marques da Silva

Limite às Interceptações Telefônicas: a Jurisprudência do Superior Tribunal de Justiça no Brasil e a Alteração Introduzida no Código de Processo Penal Português (Lei n.º 48/2007)
 Geraldo Prado

APRESENTAÇÃO

É significativo o modo díspar como a investigação reage às mudanças de escala. Veja-se o caso da actualidade. Por um lado, é visível que uma gradual consciência da lógica global tem acarretado, como seria inevitável, uma tendencial adequação da análise a escalas também elas preferencialmente globais. De outra parte, porém, essa mesma consciência tem-se traduzido numa renovada atenção da análise para com expressões menos dilatadas, mesmo locais, de fenómenos que, justamente em virtude da sua manifestação global, obrigam à respectiva descodificação a partir das várias escalas do seu processamento. Afinal, é provável que estas duas vias encontrem correspondência em duas preocupações analíticas classicamente distintas: por aquela se perseguem as repetições e o rasto da semelhança; por esta se buscam as singularidades e se obtém o inventário das diferenças. Ora, como sempre sucede quando estamos face a duas propostas em aparência dissonantes, a detecção de uma modalidade capaz de, idealmente que seja, recolher as vantagens de cada uma delas, afigura-se de inestimável valia. E mais o será se, nesse registo articulador que será forçosamente o seu, essa modalidade souber resistir à pretensão da totalidade, da homogeneidade ou da síntese prematura, acolhendo, em contrapartida, a diferença irreversível e os elementos inconciliáveis como partes inerentes à sua realização. Desde que assim entendidos, os estudos comparativos podem bem ser o nome dessa modalidade.

Não se vislumbra, de resto, como se poderá prescindir deles. Pois se poucas dúvidas há, hoje, sobre a impossibilidade de estender à escala global as várias "teorias críticas" e as várias "teorias gerais" em relação às quais era suposto posicionarem-se, como puras, derivadas ou bastardas, as experiências concretas e contextualmente vividas do conceito previamente generalizado, dever-se-á então reconhecer a imperiosa necessidade de pôr "a conversar" essas várias experiências e esses diferentes contextos. Os riscos são vários, claro que sim. O maior deles será mesmo o de fundar, a partir deste diálogo e a pretexto dele, uma acrítica celebração da diferença e do contexto que, estribada agora no essencialismo e não já numa razão universalizante, pouco diferirá das outras formas de pensamento totalizador. É que a mudança de escala não garante fecundidade crítica (do mesmo modo que o contexto não é em si fonte de virtude); só a possibilidade, em aberto, do debate entre as várias escalas em presença o pode fazer. Eis o desafio do esforço comparativo: fazer da escala analítica não apenas uma questão de decisão prévia (é inevitável decidir o que se vai comparar) mas também uma questão de pesquisa (no sentido em que à própria investigação cumpre determinar, para cada problema tratado, quais as escalas pertinentes, isto é, quais as zonas de alinhamento e as zonas de dissemelhança, bem como as zonas de sobreposição escalar). Um estudo comparado, pois, corresponde a um momento de produção de escalas.

É em perspectiva comparada que se encontra delineada a presente obra. Tanto assim é que, mesmo naqueles momentos em que um artigo concreto ou o desenvolvimento de um problema específico apresentem uma ancoragem desligada de preocupações desse teor, é sempre possível lembrar que a sua inserção no conjunto que é o livro o "devolve", por inerência, a esse ambiente comparativo, e que, por conseguinte, é em nome de um potencial ganho em matéria de definição de contornos e do estabelecimento de configurações de sentido que se move, em cada momento, o pensamento de cada um dos autores. Deixarei, como é natural, aos especialistas em direito penal e em processo penal as tarefas da recepção crítica e da promoção do debate de ideias a que as intervenções aqui contidas seguramente convidam e que, estou certo, não deixarão de reconhecer a importância do presente livro para a problemática do "lugar" da esfera penal na desejável consolidação do Estado de Direito. Mas não me privo de salientar um aspecto que abona, e de que maneira, a perspectiva de abordagem escolhida, qual seja o de a obra se reportar às realidades brasileira e portuguesa. Para todos aqueles que, como o autor desta apresentação, não se satisfazem com o lugar comum da importância estratégica do relacionamento luso-brasileiro, obras como esta não são tanto um contributo mais para celebrar uma escala luso-brasileira de referência, quanto, sobretudo, uma oportunidade irrecusável de debater, precisamente, quais as escalas pertinentes e efectivas com que nos deparamos quando sujeitamos os sistemas processuais penais de Portugal e Brasil aos jogos de espelhos que, no exacto ponto em que os caracterizam, aí mesmo os demarcam.

Rui Cunha Martins
Professor da Universidade de Coimbra
(Instituto de História e Teoria das Ideias
e Centro de Estudos Interdisciplinares do Século XX)

Sistemas Processuais Penais do Brasil e de Portugal
– Estudo Comparado[1]

L. G. Grandinetti Castanho de Carvalho[*]
Nuno Brandão[**]

I. Introdução

O objetivo deste trabalho será comparar o direito processual penal brasileiro e o direito processual penal português, segundo as variáveis da preponderância, ou não, do sistema acusatório e da medida de participação dos sujeitos processuais. Para tanto, estabelecer-se-ão os pontos de semelhança e as diferenças entre os dois sistemas jurídicos.

Indispensável, porém, para atingir o objetivo colimado, partir de um marco jurídico, que, como não podia deixar de ser, tem como ponto de partida as Constituições portuguesa de 1976 e a brasileira de 1988. Como marco histórico, examinar-se-ão as condições históricas que levaram ao porvir das duas Cartas, especialmente os regimes ditatoriais que as precederam e as condições políticas que impuseram o fim de tais regimes. No caso português, o regime salazarista e a subseqüente Revolução dos

---

[1] O trabalho contou com a participação dos mestres Marcos André Chut e Darlei Gonçalves Bala e das pós-graduandas Juliana Azevedo de Souza e Rogéria Paula Dias Faria, todos da Universidade Estácio de Sá. O segundo autor colaborou na parte referente ao direito português, sendo as demais considerações apenas do primeiro autor.

[*] Coordenador Acadêmico do Programa de Pós-Graduação da Universidade Estácio de Sá, doutor pela UERJ, mestre pela PUC-RJ e Juiz de Direito do Tribunal de Justiça do Rio de Janeiro.

[**] Professor da Universidade de Coimbra, mestre pela Universidade de Coimbra e advogado.

Cravos e, no Brasil, a ditadura militar e os movimentos populares que exigiram a sua derrocada, como o movimento pelas Diretas Já e a organização de partidos políticos que convergiram para a eleição do primeiro Presidente civil pós-ditatura militar, em eleição, ainda, indireta.

Tais ambiências, com certeza, repercutiram nos sistemas processuais penais dos dois países e, por isso, cumpre examiná-las, para, depois, detectar a presença, ou não, em maior ou menor grau, de instrumentos autoritários de persecução penal, ou, ao contrário, de institutos que garantam um sistema processual penal democrático.

Cumprida estas tarefas, aí, sim, impõe-se o estudo comparativo dos códigos quanto aos princípios processuais adotados e à participação dos sujeitos processuais.

II. Sistema Constitucional Português

A Constituição portuguesa de 1976 deve ser compreendida à luz dos movimentos políticos e sociais que determinaram a derrocada da ditadura de Antônio de Oliveira Salazar e da Constituição de 1933.

A República portuguesa foi proclamada em 1910[2], mas, somente em 1933, subiu ao poder Salazar[3] para governar ditatorialmente até seu afas-

---

[2] Anotam os historiadores que desde o século XIX a monarquia portuguesa, da dinastia Bragança, de origem espanhola, estava em declínio. O endividamento externo, o atraso tecnológico em comparação com os outros países europeus, os escândalos de corrupção, a diminuta participação popular e, finalmente, a humilhação do governo monárquico ao aceder a uma ordem proveniente da Inglaterra, de retirar as tropas portuguesas de Zambeze, na África, propiciaram a eclosão da revolução que culminou com a proclamação da república. No entanto, a primeira república (1910-1926) foi bastante turbulenta. A participação na I Guerra Mundial, ao lado da Inglaterra, trouxe inflação, dívida pública e desvalorização monetária, o que fez crescer as reivindicações de grupos operários e anarco-comunistas, que atemorizavam os empresários e a classe média. A Igreja criticava duramente o governo. Em 1926, os generais Gomes da Costa e Antônio Carmona e o almirante Mendes Cabeçadas deram um golpe de estado e derrubaram o Presidente Bernardino Machado. Antonio de Oliveira Salazar teve participação nesse governo em duas oportunidades, sempre na pasta da Fazenda, até assumir o posto de primeiro-ministro em 1933, substituindo o general Carmona (CORREA, Marcos Linares – Desvendando a História, ano 2, n.º 8).

[3] Antônio de Oliveira Salazar nasceu em 1889 e morreu em 1970, filho de uma família camponesa e católica fervorosa. Foi seminarista, mas resolveu ingressar na

tamento, por motivo de saúde, em 1968, quando foi substituído por Marcelo Caetano, que, contudo, manteve a mesma política do antecessor, até 1974, quando foi derrubado pela Revolução dos Cravos. O governo tinha cunho fortemente autoritário e adotava um discurso moralista e nacionalista. Era anticomunista, restringia as liberdades e impunha a censura, graças à temida Polícia Interna de Defesa do Estado (PIDE). Na política externa, pregava a manutenção do colonialismo português.

A restrição às liberdades e o colonialismo foram os dois móveis para a eclosão da revolução para a derrocada do regime. Integrantes das Forças Armadas, que nunca deixaram de conspirar contra o governo, se opuseram à política colonialista, que consumia os recursos do País e sacrificava a juventude na medida em que cada vez mais soldados portugueses eram enviados para lutar na África. O isolamento do País, com a vitória das democracias sobre o fascismo e o nazismo em outros países da Europa, a estagnação econômica e a ausência de liberdade provocavam a insatisfação do povo e dos militares.

A morte de Salazar, em 1970, em nada mudou o cenário. Em 25 de abril de 1974, o denominado Movimento das Forças Armadas levou os militares às ruas para derrubar o governo. O movimento tinha três objetivos fundamentais: pôr fim à ditadura, resgatar o prestígio das Forças Armadas e terminar com a guerra colonial na África. O apoio popular foi tão estrondoso que impediu qualquer reação. A revolução foi pacífica e Marcelo Caetano foi preso e exilado no Brasil.

Dois anos depois, em 2/4/1976, foi promulgada a Constituição, ainda vigente[4]. As raízes da Carta portuguesa estão, inegavelmente, fincadas no

---

Universidade de Coimbra onde formou-se em Direito e Economia. Depois, passou a professor da mesma Universidade, sempre com atuação destacada. Como membro do Centro Acadêmico da Democracia Cristã, criado no âmbito universitário, denunciou o anticlericalismo do governo, reivindicando um estado forte e guardião da religião, da família e das tradições portuguesas. Pregou o combate à desordem sindical, ao comunismo e ao liberalismo. Segundo historiadores, sua imagem, naquele período, foi de homem austero, intelectual, católico fervoroso, dedicado unicamente ao trabalho e ao futuro do País, já que solteiro e sem filhos. Chegou a ser eleito deputado em 1921, mas foi somente em 1933 que assumiu o controle político do País (CORREA, Marcos Linares – Desvendando a História, ano 2, n.º 8).

[4] Mas objeto de sucessivas revisões, através das leis constitucionais de 1982 (1.ª revisão constitucional), 1989 (2.ª), 1992 (3.ª), 1997 (4.ª), 2001 (5.ª), 2004 (6.ª) e 2005 (7.ª) – para uma síntese dessas revisões e do texto constitucional saído de cada uma delas, cf. www.parlamento.pt/constitucionalismo.

ideário daquela revolução[5], tanto que do seu preâmbulo consta que *"o Movimento das Forças Armadas, coroando a longa resistência do povo português e interpretando os seus sentimentos profundos, derrubou o regime fascista"*.

A Constituição previu a transição para o socialismo, a nacionalização dos principais meios de produção, a garantia dos direitos fundamentais e preconizou o fim do imperialismo e do colonialismo. Proclamou um Estado Democrático de Direito[6] e uma democracia pluralista e participativa, com a clássica separação dos órgãos de soberania (o Presidente da República, a Assembléia da República, o Governo e os Tribunais).

O Governo é desempenhado pelo Primeiro Ministro (artigo 182), nomeado pelo Presidente da República, tendo em conta os resultados eleitorais das eleições legislativas (artigo 187-1). O Presidente da República é eleito por sufrágio universal e desempenha a chefia do Estado e o comando das Forças Armadas (artigo 120 e 121). Junto ao Presidente funciona um Conselho de Estado, que é um órgão opinativo sobre, entre outras, a dissolução da Assembléia da República e das Assembléias Legislativas, a demissão do Governo e a declaração de guerra (artigo 145).

A função legislativa é exercida pela Assembléia da República (artigo 156 e 161) e pelo Governo (artigo 197), não tendo o Presidente qualquer iniciativa legislativa.

Aos Tribunais compete administrar a justiça *"em nome do povo"* (artigo 202.1), assegurar a defesa dos direitos e interesses legalmente protegidos dos cidadãos, reprimir a violação da legalidade democrática e dirimir os conflitos de interesses públicos e privados (artigo 202.2). O Tribunal Constitucional tem competência para matérias de natureza jurídico-constitucional, além de outras funções políticas como a de julgar em última instância atos do processo eleitoral e verificar a perda do cargo, a morte e os impedimentos do Presidente da República (artigo 223). É composto por treze juízes, sendo dez indicados pela Assembléia

---

[5] Para J.J. Gomes CANOTILHO as revisões posteriores deram maior estabilidade à Carta então promulgada, embora extraindo alguns dos seus princípios inspiradores, como a irreversibilidade das nacionalizações. A revisão de 1989 abriu caminho para as privatizações que a economia européia impunha nos anos oitenta. (*in* Associação Cearense do Ministério Público, www. acmp-ce.org.br./revista/ano3, n8/entrevista.php).

[6] Na verdade, tal proclamação somente foi feita na revisão constitucional de 1982 que alterou o artigo 2.º.

da República (seis obrigatoriamente juízes de carreira) e três escolhidos pelos próprios componentes, sendo seu presidente escolhido pelos próprios pares (artigo 222). O Supremo Tribunal de Justiça é o órgão máximo da hierarquia dos tribunais judiciais, nas matérias que não forem de competência do Tribunal Constitucional, cujo presidente é eleito pelos respectivos juízes (artigo 210). O Superior Tribunal Administrativo é o órgão máximo da hierarquia dos tribunais administrativos e fiscais, cujo presidente é eleito pelos respectivos juízes (artigo 212).

O Ministério Público está compreendido no mesmo título dedicado aos Tribunais, mas não é considerado órgão de soberania, como o são os Tribunais. Seu órgão superior é a Procuradoria-Geral da República, formada pelo procurador-geral e pelo Conselho Superior, este composto por membro eleitos pela Assembléia da República e pelos próprios *magistrados* do Ministério Público (artigo 220).

No que tocam aos direitos fundamentais, a Constituição de 1976 adotou uma concepção antropológica, ou seja, erigiu o homem como centro do Estado português, dedicando um extenso rol de proteção aos direitos fundamentais. Nesse aspecto, não diferiu das demais constituições européias do pós-guerra, embora todas enfrentassem um mesmo dilema: por um lado, procurava-se assegurar relevância às normas de direitos fundamentais, que tinham por função, também, condicionar a atuação dos poderes constituídos; por outro lado, pretendia-se impor ao Estado ampla tarefa de conformação social, para implementar a igualização dos homens e a eliminação de diferenças de ordem material, tarefa para a qual se exigia uma freqüente intervenção legislativa e material do Estado até mesmo restritiva e conformadora dos direitos fundamentais.

Assim, as constituições européias do pós-guerra depararam-se com a necessidade de protegerem ao máximo os direitos fundamentais das possíveis e eventuais ditaduras, explicitando-os detalhadamente e subtraindo-os da intervenção do legislador, ao mesmo tempo em que concediam um extenso rol de tarefas sociais de conformação ao Estado, o que marca as constituições dos Estados Sociais e Democráticos de Direito. Os direitos fundamentais passaram, assim, a ser limites de atuação dos poderes constituídos. A mesma concepção teve a Constituição portuguesa de 1976.[7]

---

[7] NOVAIS, Jorge Reis assim se expressou: *"Foi, de algum modo, num contexto semelhante que o legislador constitucional de 1976 abordou opções de compatibilização*

Concebeu, assim, duas ordens de direitos fundamentais: os direitos, liberdades e garantias, de um lado; e os direitos econômicos, sociais e culturais, de outro. Para tanto, construiu dois regimes: um geral para todos os direitos e outro específico para os direitos, liberdades e garantias.

A grande distinção de tratamento no que respeita aos dois regimes reside na redação do artigo 18[8], especificamente no item 2 do mesmo dispositivo, que determina a necessidade de autorização constitucional para a restrição de direito fundamental, devendo as restrições limitar-se ao necessário para salvaguardar outros direitos ou interesses constitucionalmente protegidos[9].

A diferença fundamental destas duas ordens e dois regimes reside na reserva da Constituição para a limitação dos direitos, liberdades e garantias, reconhecidos como elementos estruturantes do Estado Democrático de Direito, e na existência de pressupostos materiais para gozo dos direitos econômicos, sociais e culturais, submetidos a uma reserva do possível. Mas não se trata de uma distinção em ordem de importância, já que ambos se incluem dentre os direitos fundamentais.[10]

---

complexa: atribuir ao Estado extensos poderes de conformação e intervenção social, mas vincular estritamente todos os poderes públicos à observância de um extenso e pormenorizado catálogo de direitos fundamentais; retirar ao legislador a anterior margem de intervenção nas liberdades de que este dispunha no regime de 1933, mas sem atribuir ao poder judicial o controlo ilimitado dessa intervenção; dotar os direitos fundamentais e, especialmente, os direitos de liberdade, de uma força naturalmente expansiva, incluindo nas relações entre particulares, mas ter de os espartilhar e regulamentar através de fórmulas suficientemente precisas para garantir a segurança, a previsibilidade e prevenir os abusos. (As Restrições aos Direitos Fundamentais Não Expressamente Autorizadas pela Constituição, p. 24/25, 2003, Coimbra Editora).

[8] Artigo 18 (Força jurídica) 1. Os preceitos constitucionais respeitantes aos direitos, liberdades e garantias são directamente aplicáveis e vinculam as entidades públicas e privadas. 2. A lei só pode restringir os direitos, liberdades e garantias nos casos expressamente previstos na Constituição, devendo as restrições limitar-se ao necessário para salvaguardar outros direitos ou interesses constitucionalmente protegidos. 3. As leis restritivas de direitos, liberdades e garantias têm de revestir caráter geral e abstracto e não podem ter efeito retroativo nem diminuir a extensão e o alcance do conteúdo essencial dos preceitos constitucionais.

[9] Cf., por outros, J. J. GOMES CANOTILHO / VITAL MOREIRA, *Constituição da República Anotada, I*, 4.ª ed., Coimbra Editora, 2007, art. 18.º.

[10] Sobre isso, manifestou-se CANOTILHO, J. J. Gomes: *"A relação entre regime geral e regime especial não é, porém, uma relação de exclusão ou de separação. Seria incorrecto dizer que existem dois regimes distintos para dois grupos diversos de direitos*

Desse modo a Constituição portuguesa construiu a Parte I da Carta, dividindo-a em três Títulos: o I cuida dos princípios gerais dos direitos e deveres fundamentais; o II trata do regime dos direitos, liberdades e garantia; e o III especifica o regime dos direitos e deveres econômicos, sociais e culturais.

No que importa à presente pesquisa, consigne-se que o direito à reserva da intimidade da vida privada e familiar está compreendido no artigo 26.1. O direito à liberdade e à segurança estão consagrados no artigo 27, em cujo item 3 constam exceções à regra geral de liberdade, dentre as quais a detenção em flagrante delito e a prisão preventiva. Esta última volta a ser tratada no artigo 28. As demais garantias processuais-penais estão tratadas no artigo 32, ressaltando-se a presunção de inocência e a celeridade no item 2, o princípio acusatório para a instrução criminal no item 5, a proibição das provas ilícitas no item 8 e o direito do arguído à audiência e à defesa no item 10. As inviolabilidades do domicílio e da correspondência estão previstas no artigo 34, explicitando-se: que o ingresso em domicílio só pode ocorrer mediante autorização judicial nos termos da lei ou por flagrante delito (item 3); e que se proíbe toda a ingerência das autoridades públicas na correspondência, nas telecomunicações e nos demais meios de comunicação, salvo os casos previstos em lei (item 4). A publicidade das audiências está consagrada no artigo 206, excetuada, tão somente, por decisão judicial, para salvaguarda da dignidade das pessoas e da moral pública ou para garantir o normal funcionamento do tribunal.

Em linhas gerais, são esses os aspectos constitucionais relevantes para o presente estudo comparado.

III. Sistema Processual Penal Português

O Código de Processo Penal português veio a lume com o Decreto-Lei n.º 78/87, de 17 de fevereiro, para substituir o antigo Código de 1929

---

fundamentais. O que existe é um regime geral (a todos aplicável) e um regime especial (próprio dos direitos, liberdades e garantias e dos direitos de natureza análoga) que se acrescenta àquele" (Direito Constitucional e Teoria da Constituição, p. 379, 2ª edição, Almedina).

e diversas leis extravagantes que foram editadas para atualizá-lo e adequá-lo aos diferentes programas políticos que se sucederam, especialmente o Decreto-Lei n.º 35.007, de 13/10/1945.

Com efeito, o Código de 1929, foi concebido em uma época de profunda turbulência política e sob os auspícios de um movimento autoritário que culminou com a Constituição de 1933 e com a ditadura salazarista. Já o Decreto-Lei n.º 35.007/45 foi produzido inteiramente sob a ditadura e com sua marca indelevelmente fascista.

O projeto político democrático e socializante da Revolução dos Cravos, de 1974, e suas inevitáveis reformas processuais, acabaram por implodir qualquer possibilidade de um sistema coerente de processo penal, impondo, assim, a necessidade premente da reforma que veio a produzir o Código de 1987, o qual teve na sua base um anteprojeto elaborado por uma comissão presidida pelo Professor Jorge de Figueiredo Dias. Posteriormente, a redação original sofreu inúmeras alterações, destancando-se duas profundas revisões: a de 1998 (Lei n.º 59/98, de 25 de Agosto), preparada pela comissão dirigida pelo Professor Germano Marques da Silva; e a de 2007 (Lei n.º 48/2007, de 29 de Agosto), na sequência dos trabalhos da Unidade de Missão para a Reforma Penal, coordenada pelo Professor Rui Carlos Pereira.

A Exposição de Motivos do Código português realça as suas idéias matrizes. De um lado, prestou-se reverência à inserção do País na comunidade internacional, recepcionando-se, declaradamente, a influência do Conselho da Europa e das legislações da Espanha, França, Itália e Alemanha. De outro lado, respeitaram-se as tradições jurídicas nacionais, como o instituto da vítima assistente.

Não se olvidou, a nova legislação, dos princípios reitores consagrados na Constituição de 1976, democrática e assumidamente socialista, nem das disposições do Código Penal, como, por exemplo, a previsão de arbitramento de indenização ao lesado.

Como toda e qualquer legislação que deve ordenar bens tão caros como a liberdade, a dignidade, a celeridade processual e a segurança o Código transitou por diversas antinomias inevitáveis, mas optou por contemplar modernos institutos e princípios, influenciados pelos ditames de um Estado Social de Direito, como a socialização, a conciliação, a transação e a oportunidade, afastando-se, assim, de um ideário liberal, segundo referida Exposição. Na mesma trilha, optou pela defesa intransigente dos direitos fundamentais, ao, por exemplo, prescrever as proibições de prova, no que buscou, o Estado, *"a sua própria legitimação"*, nas exatas palavras da Exposição de Motivos.

Nesse contexto de transição e de tendências contraditórias, o Código pretende ter a natureza compromissória e a de um sistema aberto. E, desse modo, foi concebido sobre dois eixos fundamentais: primeiro, o reconhecimento da distinção entre a grave e a pequena criminalidade, no que acolheu, para esta última, os princípios da oportunidade, da informalidade, do consenso e da celeridade; segundo, o reconhecimento, para a grave criminalidade, da existência do conflito com a inafastável busca da igualdade de armas e a previsão, de modo reforçado, do papel do assistente. Esses dois eixos se conectam ao princípio constitucional acusatório, que sobrepaira o Código, mas temperado por um princípio da investigação, entendido no sentido de que o juiz tem liberdade para, dentro dos limites do objeto do processo, heteronomamente definidos, determinar oficiosamente as diligências probatórias que reputar convenientes ou necessárias para a descoberta da verdade material ou da boa decisão da causa (art. 340).

São, basicamente, quatro os procedimentos previstos: o comum (residual, mas, na prática, o mais usado), o sumário (artigo 381 – decorrente de flagrante e crime com pena de até cinco anos), o abreviado (artigo 391-A – para crimes apenados com multa ou até cinco anos de prisão, desde que no prazo de 90 dias da data do crime) e o sumaríssimo (artigo 392 – até cinco anos de pena ou multa), todos sob a imperatividade do princípio da celeridade, concebido como garantia ao arguído, e pretensamente assegurado por dois instrumentos: um incidente de aceleração processual na fase do inquérito e o poder de disciplina atribuído ao Juiz.

Quanto ao estatuto da liberdade, na esteira da Constituição, o Código submete a prisão preventiva ao princípio da subsidiariedade e da proporcionalidade, revogando o impedimento de obtenção de liberdade em certos crimes, previsto na legislação anterior, e adotando outras medidas coactivas, como a obrigação de permanência na habitação.

São estas, portanto, as linhas mestras do Código português, segundo sua própria Exposição de Motivos, e que serão aprofundadas adiante, somente naquilo que for necessário para a realização da comparação a que se propõe.

Cumpre, desde logo, observar que nem todas as promessas programáticas do Código cumpriram as suas finalidades práticas, outras se desvirtuaram, de modo que desde a sua entrada em vigor sofreu numerosas modificações pontuais e duas profundas revisões (1998 e 2007).

Logo no artigo 1.º, letra c, o Código enuncia regra basilar de todo o sistema processual, definindo o que entende por autoridade judiciária: o Juiz, o Juiz de Instrução e o Ministério Público.

Compete ao Ministério Público a direção do inquérito (artigo 263) inclusive com poderes amplos de investigação e coerção, dentre os quais, na fase do inquérito, o de deter[11] para obrigar o comparecimento do arguído (artigo 267), com exceção daqueles atos que contendem com os direitos, liberdades e garantias fundamentais, privativos do Juiz de Instrução Criminal (artigos 268 e 269). Tais amplos poderes geraram grande polêmica em face do artigo 32.4, da Constituição portuguesa, que prescreve que toda a instrução é de competência de um Juiz. Por fim, o Tribunal Constitucional, em decisão de 9/2/87, entendeu que o artigo 263 é constitucional, fundamentalmente porque a Constituição atribui ao Ministério Público uma magistratura de autonomia que deve pautar-se por estritos critérios de legalidade e objetividade, bem como o exercício da acção penal (art. 219-1 da CRP) e porque ao Juiz de Instrução estão reservados os atos de intromissão nos direitos, liberdades e garantias fundamentais e ao arguido é dada a oportunidade de, no termo do inquérito, suscitar o controle judicial da acusação pública, através do requerimento para a abertura da instrução.

A investigação criminal inicia-se através da notícia do crime, que será adquirida pelo Ministério Público por conhecimento próprio, por intermédio dos órgãos de polícia criminal ou mediante denúncia[12]. Quando a notícia do crime for dada de maneira formal, o Ministério Público estará obrigado a instaurar inquérito, o que não ocorre se for informal, como por carta anônima, etc, podendo, neste caso, determinar investigações preliminares para verificar a credibilidade das informações. Cabe ao

---

[11] *"A privação da liberdade na forma de detenção apenas e só pode ter lugar para assegurar a comparência perante uma autoridade judiciária ou seja perante o magistrado do MP, o Juiz da instrução ou o Juiz julgador, consoante a fase em que o processo se encontrar"* in GONÇALVES, Manuel Lopes Maia – Comentários ao Código de Processo Penal, p. 290.

[12] Por denúncia entende-se a obrigatória prevista no artigo 242.º, em que todas as autoridades polícias, funcionários (art. 386.º do CP) e demais agentes do Estado que tomarem conhecimento de crimes de natureza pública; e a facultativa, que pode ser feita por qualquer pessoa que tenha conhecimento da prática de um crime público.

Ministério Público dirigir o inquérito (artigo 263), sendo que a atuação dos órgãos de polícia criminal será orientada por ele. Em regra, o Ministério Público determinará quais os atos a serem praticados durante o inquérito para a reunião das provas necessárias. A lei prevê, no entanto, a possibilidade de delegação nos órgãos de polícia criminal de atos de investigação (artigo 270), excluídos unicamente os de receber depoimentos ajuramentados, ordenar a efetivação de perícias, assistir a exame suscetível de ofender o pudor, ordenar ou autorizar as revistas e buscas, além de outros expressamente cometidos pela lei (artigo 270)[13].

O inquérito é a fase de investigação criminal por excelência, tendo por finalidade a descoberta da existência de um crime, determinar os seus agentes e a responsabilidade deles e descobrir e recolher as provas, em ordem à decisão da acusação (artigo 262-1). Com a revisão de 2007, a regra passou a ser a da publicidade, podendo, todavia, o Ministério Público sujeitá-lo ao segredo de justiça (artigo 86 e seguintes).

Seu encerramento se dá por ato do Ministério Público através do arquivamento ou da efetiva acusação (ação penal) no prazo máximo de seis meses, se o investigado estiver preso ou submetido à obrigação de permanência em habitação, ou em oito meses, se estiver solto (artigo 276), que, no entanto, desde sempre foram considerados meramente indicativos[14]. Esses prazos poderão ser dilatados se o procedimento revelar grande complexidade. A conseqüência da extrapolação dos prazos é o dever do Procurador-Geral de avocar o inquérito e de requerer o incidente de aceleração processual (artigo 276).

Em regra, o inquérito termina com um despacho de acusação ou um despacho de arquivamento, da exclusiva competência do Ministério Público (artigos 53-2, *c*, e 283), exceto nos crimes particulares em sentido estrito, em que essa incumbência é atribuída ao assistente (artigos 50 e 285.º; é o que sucede, *v. g.*, nos crimes contra a honra).

A decisão final do Ministério Público é orientada pelo princípio da legalidade, por força do qual o Ministério Público está obrigado a acusar

---

[13] Entretanto, as delegações do MP à Polícia tornaram-se a regra na prática processual penal portuguesa (Cfr. PEREIRA, Rui – O Domínio do Inquérito pelo Ministério Público *in* Jornadas de Direito Processual Penal e Direitos Fundamentais, Ed. Almedina).

[14] Com a revisão de 2007, a ultrapassagem dos prazos máximos da duração do inquérito constituirá fundamento para o levantamento do segredo de justiça a que o inquérito eventualmente tenha sido sujeito, nos termos previstos no n.º 6 do artigo 89.

sempre que recolher indícios suficientes de ter sido cometido crime e de quem foi o seu agente (artigo 283-1). Os indícios, sustentados nos meios de prova recolhidos no inquérito, consideram-se suficientes se deles resultar uma possibilidade razoável de ao arguido vir a ser aplicada, por força deles, em julgamento, uma pena ou uma medida de segurança (artigo 283-2). Nesses casos, o Ministério Público não dispõe da faculdade de não acusar, sob pena de responsabilidade disciplinar e até criminal (artigo 369 do Código Penal).

A alternativa à acusação é o arquivamento, que é concebido em duas modalidades diferentes: arquivamento em sentido estrito quando se verificar que não houve crime, o arguído não o tiver praticado ou quando for inadmissível o procedimento (artigo 277.1); e arquivamento por falta de prova indiciária suficiente (artigo 277.2 e 283.2).

A decisão que determina o arquivamento deve ser comunicada a quem tiver interesse (argüído, assistente, vítima – artigo 277.3). O interessado poderá, então, requerer a abertura da instrução, que poderá levar a um juízo de pronúncia (artigo 287). Nesse caso, o requerimento se reveste de caráter de uma acusação. Outro tipo de controle é o hierárquico, mediante recurso do interessado, no prazo de trinta dias (artigo 278).

O princípio da legalidade direciona o titular público da acusação para que ele exerça os poderes que a lei lhe confere, aplicando com igualdade o direito. Porém este princípio constitui apenas o ponto de partida da modelação do sistema processual penal, já que, em casos de infrações menos graves, com diminuta ilicitude ou culpa, ou se o dano tiver sido reparado, e se não houver razões de prevenção que desaconselham a dispensa da pena, o Ministério Público terá uma certa discricionariedade no procedimento.

Na pequena e média criminalidade, a lei admite que, apesar de terem sido recolhidos indícios suficientes da prática de um crime e de quem foi o seu agente, a lei admite desvios de oportunidade àquele princípio da legalidade, introduzindo soluções ditas de consenso, o arquivamento em caso de dispensa de pena (artigo 280) e a suspensão provisória do processo (artigo 281). Se a acusação já tiver sido deduzida, é ao Juiz de Instrução que compete a iniciativa de determinar a aplicação de um desses dois institutos, mas com a concordância do Ministério Público e do arguído.

Alguns atos da investigação só podem ser praticados exclusivamente pelo Juiz de Instrução, considerado guardião dos direitos, liberdades e garantias (Constituição, artigo 32.4), como a primeira oitiva judicial do argüído detido, buscas e apreensões, buscas domiciliares, apreensões de correspondências, interceptação e gravações de conversas, aplicação de medidas de coação ou de garantia patrimonial, dentre outros (artigos 268 e 269) A intervenção judicial não se faz de ofício. É preciso que uma dos sujeitos processuais a requeira.

A ação penal é, em regra, pública, valendo o princípio da oficialidade. Este princípio sofre dois desvios significativos: nos denominados crimes semipúblicos, a legitimidade do Ministério Público para exercer a ação penal depende da apresentação de queixa pelo ofendido (artigo 49), competindo, porém, ao Ministério Público a direção da investigação e a dedução da acusação ou do despacho de arquivamento; nos crimes de acusação particular o desvio ao princípio da oficiosidade é mais acentuado, pois além da apresentação de queixa pelo ofendido, a ação penal fica ainda na dependência da constituição deste como assistente e a decisão de acusar é entregue ao assistente (artigos 50 e 285). Neste caso, o Ministério poderá acompanhar a acusação particular, devendo mesmo fazê-lo se considerar terem sido recolhidos indícios suficientes da prática do crime pelo qual o arguido foi acusado pelo assistente (artigo 285-4)[15]. Ainda que o Ministério Público não acuse a ação penal prossegue, havendo aqui uma inversão da regra da atuação subordinada do assistente em relação ao Ministério Público.

Tanto a decisão de arquivar, como a de acusar, podem ser sujeitas a controle judicial por meio da instrução, que *"visa à comprovação judicial da decisão de deduzir acusação ou de arquivar"* (artigo 286.1) e pode ser requerida pelo arguído, quando acusado, ou pelo assistente, por fatos pelos quais o Ministério Público não tiver deduzido acusação (artigo 287 e 277.3). Os atos praticados no inquérito só são repetidos na instrução em dois casos: não terem sido observadas as formalidades legais e quando for indispensável à realização das finalidades específicas da instrução (artigo 291.2)[16].

---

[15] *"O MP tem o dever legal de tomar posição sobre a acusação particular, quer abstendo-se de acusar, quer subscrevendo-a integralmente, quer acompanhando-a apenas quanto a alguns factos nela descritos, quer acusando por outros factos que não importem uma alteração substancial daqueles"* (Ac RL de 24/2/1999, in GONÇALVES, Manuel Lopes Maia, p. 577).

[16] Nesse aspecto, disserta PIMENTA: *"O Juiz de instrução pode e deve servir-se das provas colhidas no inquérito, as quais mantêm sua validade e aptidão para servirem de*

A instrução é um meio de impugnação judicial do despacho de arquivamento ou de acusação, que tem lugar no procedimento comum (no procedimento sumário, sumaríssimo e no juízo abreviado não existe tal possibilidade). É presidida pelo Juiz de Instrução Criminal a quem cabe, inclusive, decidir a respeito da abertura ou não da instrução, podendo indeferir o requerimento: se for extemporâneo, se o Juiz for incompetente, por ilegitimidade ou quando o procedimento não o permitir. Só podem requerê-la o arguído (artigo 287-1, *a*) e o assistente (artigo 287-1, *b*), mas não o Ministério Público, pois é justamente contra a sua decisão de arquivamento ou de acusação que se estará insurgindo (artigos 286 e 287).

Não há forma legal para os atos da instrução, mas, uma vez realizados, devem ser documentados. A única fase obrigatória é o debate contraditório, denominado debate instrutório (artigo 289).

A instrução deve estar terminada em dois ou três meses, conforme a infração penal, em caso de o indiciado estar submetido à prisão ou a alguma constrição. Quando solto, o prazo aumenta para quatro meses (artigo 306). Para preservar a imparcialidade do órgão judicial, o artigo 40 dispõe que o Juiz de Instrução que tiver presidido ao debate instrutório está impedido de intervir como juiz em fases subseqüentes, do julgamento ou de recurso, dado que, tendo proferido despacho de pronúncia, tomou posição sobre o objeto do processo, no sentido da culpabilidade do arguido.

A instrução culmina com a pronúncia ou com a não pronúncia, que consiste numa decisão do Juiz de Instrução – a decisão instrutória – sobre a viabilidade da acusação ou do requerimento de abertura da instrução do assistente, materialmente considerado líbelo acusatório (artigos 307 e 308).

Em síntese, o processo comum é composto por uma primeira fase, o inquérito, que, como se disse, é dirigido pelo Ministério Público e tem uma natureza eminentemente investigatória. Findo o inquérito, em regra, o Ministério Pública acusa ou arquiva. Tanto num caso, como no outro,

---

base...à decisão instrutória (*op. cit.*, p. 852/853). Contudo, Rui PEREIRA alerta que a prática demonstra que o *"Juiz tende a duplicar a actividade do inquérito...Além disso, com óbvio prejuízo da estrutura acusatória, o Juiz chega a poder intervir no julgamento de um processo em que antes se decidiu pela aplicação ou manutenção da prisão preventiva..."* (in Jornadas de Direito Processual Penal e Direitos Fundamentais, Ed. Almedina).

a decisão do Ministério Público é passível de controle jurisdicional, que pode ser requerido pelo arguido ou pelo ofendido constituído assistente. Esse requerimento suscita a abertura de uma nova fase processual, facultativa, denominada instrução, dirigida pelo juiz de instrução criminal, a qual visa à comprovação judicial da decisão de deduzir acusação ou de arquivar o inquérito em ordem a submeter ou não a causa a julgamento.

O processo transita, portanto, para a fase de julgamento, dirigida por um juiz de direito ou por um coletivo de juízes, na sequência do despacho de acusação do Ministério Público ou, tendo sido requerida a instrução, do despacho de pronúncia do juiz de instrução.

A fase de julgamento rege-se pelos princípios relativos à prossecução processual, como o da investigação, do contraditório e audiência, da suficiência e das questões prejudiciais, da concentração, dos princípios relativos às provas (verdade material, livre apreciação da prova e *in dúbio pro reo*) e dos relativos à forma de julgamento (publicidade, oralidade e imediação).

Dentre esses, registre-se o princípio do contraditório (artigo 327) que obriga que toda a prova seja submetida à parte contrária, mesmo aquela produzida de ofício pelo Tribunal.

O princípio da imediação (artigo 355.1), expressamente consagrado, veda a apreciação de prova colhida na investigação e na instrução, mas o princípio sofre várias exceções, como a leitura de peças colhidas em precatória ou em domicílio, do inquérito ou da instrução desde que não sejam as declarações do arguído, do assistente, das partes civis e de testemunhas. Mesmos essas peças, apesar de terem sua leitura proibida, podem, entretanto, ser lidas em casos especiais, previstos no artigo 356 (acordo entre o Ministério Público, arguído e assistente, para avivar a memória do depoente, quando houver contradição entre os depoimentos), bem como no caso do artigo 357 (quando o argüído solicitar a leitura de suas próprias declarações) [17]. Na medida em que se traduz na imposição de um contato direto do juiz com os meios de prova produzidos em audiência de julgamento, o princípio da imediação, associado ao princípio da oralidade, reflete-se ainda na obrigatoriedade do princípio da

---

[17] Na verdade, são tantas as exceções que o princípio da imediação ficou bastante mitigado. Como explica, mais uma vez, Costa PIMENTA: *"podem ser lidos os autos relativos à prova por reconhecimento..., à reconstituição do facto..., à prova pericial..., bem como os documentos".*

identidade física do juiz: só tem legitimidade para produzir a sentença, em que deverá ser tomada posição sobre a matéria de fato imputada ao arguido, o juiz que tiver participado na audiência de julgamento e presenciado a produção da prova.

O julgamento deve ser designado no prazo de até dois meses, prevendo-se que, em caso de réu preso ou submetido à permanência em domicílio, o respectivo processo terá precedência sobre os demais (artigo 312.2 e 3).

A valoração da prova está sujeita ao princípio da livre apreciação: salvo quando a lei dispuser diferentemente, a prova é apreciada segundo as regras da experiência e a livre convicção da entidade competente (artigo 127). Este princípio sofre limitações em matéria de depoimento indireto (artigo 129), valoração da prova pericial (artigo 163.1), silêncio do arguido sobre os fatos que lhe são imputados (artigo 343.1) ou confissão do arguído livre, integral e sem reservas em caso de crime punível com prisão não superior a 5 anos (artigo 344).

A audiência é, em regra, pública, admitindo-se a restrição da publicidade por decisão do Juiz (artigos 86 e 321).

O primeiro sujeito processual[18] denominado pela doutrina portuguesa é o Tribunal, sendo considerado, de acordo com a Constituição portuguesa, órgão de soberania ao qual compete exercer a função judicial.

O Juiz exerce o poder de polícia nos atos processuais, podendo determinar a detenção das pessoas que nela devam intervir (artigo 85). Todos os seus atos devem ser fundamentados, de acordo com o artigo 205.1, da Constituição e o artigo 97-5 do CPP. Durante a fase do inquérito o Juiz de Instrução é um Juiz de garantias, cabendo-lhe zelar pelos direitos constitucionais do arguido, tendo todavia uma intervenção pontual e provocada[19]. Quando da fase de julgamento, ao Juiz se cometem

---

[18] Sobre os sujeitos processuais no processo penal português, cf., por todos, DIAS, JORGE DE FIGUEIREDO, «Sobre os Sujeitos Processuais no novo Código de Processo Penal», in: AA. VV., *Jornadas de Direito Processual Penal. O Novo Código de Processo Penal*, Almedina, 1988.

[19] Apesar da missão constitucional do Juiz de Instrução como guardião dos direitos fundamentais, a prática demonstra que ele *"transforma-se com freqüencia num parceiro do MP"* (PEREIRA, Rui – O Domínio do Inquérito pelo Ministério Público in Jornadas de Direito Processual Penal e Direitos Fundamentais, Ed. Almedina).

poderes de direção e disciplina com o fim de permitir-lhe a *descoberta da verdade* (artigo 323 *a* e *b*).

De acordo com tal disciplina, incumbe-lhe a gestão da prova, de ofício, independentemente das provas carreadas pelas partes (artigo 323. *a* e 340.1).[20]

Releva em importância sua competência para determinar, com exclusividade, algumas medidas de constrição de certos direitos fundamentais, como a prisão (artigo 194.1), a detenção (como visto acima), as medidas coativas de ordem processual, a busca pessoal e a busca domiciliar (como regra, cabendo ao Ministério Público e à Polícia hipóteses excepcionais, conforme o artigo 177.3), as interceptações e gravações telefônicas (artigo 187) e as interceptações outras, por qualquer que seja o meio (artigo 190).

O direito português permite que o Juiz, na fase instrutória (artigo 303.5) e na fase do julgamento (artigo 358.3), atribua nova qualificação jurídica ao fato descrito pelo Ministério Público, ainda que para agravar a situação do réu[21-22].

Contudo, da qualificação jurídica dos fatos, sempre permitida, mas condicionada à concessão de oportunidade de defesa ao arguido, distingue-se a alteração dos fatos propriamente ditos.

Na alteração dos fatos diferencia-se, por sua vez, a alteração substancial e a não substancial, constituindo *"alteração substancial dos factos aquela que tiver por efeito a imputação ao arguido de um crime diverso ou a agravação dos limites máximos das sanções aplicáveis"* (artigo 1. *f)*).

---

[20] Comentando os dois dispositivos, assim se manifestou GONÇALVES, Manuel Lopes Maia – Comentários ao Código de Processo Penal, p. 636: *"Neste artigo está bem aflorado o modelo de audiência que o Código perfilhou: de composição do sistema acusatório pelo sistema de investigação objectiva e imparcial por parte do tribunal"*(referindo-se ao artigo 323) e *"consagra-se neste artigo, para a audiência, afloramento do princípio da investigação, também designado princípio da verdade material, que domina o processo penal"* (referindo-se ao artigo 340).

[21] *"...não constitui alteração substancial dos factos descritos na acusação ou na pronúncia a simples alteração da respectiva qualificação jurídica (ou convolação), ainda que se traduza na submissão de tais factos a uma figura criminal mais grave"* (Ac. Plenário das Seções Criminais do STJ, de 17/1/1992, *in* GONÇALVES, Manuel Lopes Mais – Comentários ao Código de Processo Penal, p. 611).

[22] *"...Se o juiz, ao proferir o despacho a que se refere o art. 311 do CPP, verificar que há um claro erro na subsunção dos factos às normas incriminadoras, deve rejeitar a acusação, permitindo ao acusador a rectificação de tal erro..."* (GONÇALVES, Manuel Lopes Mais – Comentários ao Código de Processo Penal, p. 619).

A alteração não substancial dos fatos é admitida na instrução e no julgamento, desde que seja previamente comunicada ao arguido e lhe seja concedido o direito de defesa (artigos 303.1 e 358.1). A alteração substancial dos fatos, entretanto, é proibida, em homenagem ao princípio do acusatório. A alteração deve ser comunicada ao Ministério Público, que abrirá nova investigação criminal sobre os fatos comunicados. Em todo o caso, na fase da instrução, a nulidade decorrente da alteração substancial dos fatos constante da pronúncia depende de arguição[23] (artigo 309). E na fase do julgamento, por razões de economia processual, pode a condenação fundar-se nos novos fatos que alteraram substancialmente a acusação ou a pronúncia somente mediante acordo do arguído, Ministério Público e assistente (artigo 359.3).

A violação em julgamento de qualquer uma das regras relativas à alteração dos fatos, substancial ou não substancial, ou à alteração da qualificação jurídica dos fatos determina a nulidade da sentença (artigo 379.1, *b*)).

O segundo sujeito processual é o Ministério Público, tendo como função a investigação de um crime praticado, bem como a eventual acusação. É sua, com exclusividade, a titularidade da ação penal, até mesmo nos delitos particulares, embora dependentes de acusação particular. Vale ressaltar que o Ministério Público é órgão integrante do Poder Judicial e seus membros são considerados magistrados, com garantias constitucionais equiparáveis aos Juízes, embora com funções nitidamente distintas[24].

É mister salientar que o MP é um órgão independente do tribunal, sendo parte autônoma da administração da justiça. Tal órgão tem de estar submisso aos valores da descoberta da verdade real e da realização do direito (artigo 53.1). O mesmo dispositivo proclama que, para tanto, compete-lhe *colaborar* com o Tribunal.

---

[23] *"Se a decisão instrutória pronunciar o argüido por factos que constituam alteração não substancial dos descritos na acusação do MP ou do assistente, haverá de distinguir duas situações: Se foi seguido o formalismo do art. 303, n.º 1, não haverá qualquer nulidade ou irregularidade. Se esse formalismo não foi seguido, não haverá nulidade (porque não especificada na enumeração taxativa da lei), mas irregularidade, podendo o argüído socorrer-se do meio facultado pelo art. 123, n.º 1"* (GONÇALVES, Manuel Lopes Mais – Comentários ao Código de Processo Penal, p. 611).

[24] CANOTILHO, J.J. Gomes – Direito Constitucional e Teoria da Constituição, pg. 596.

Embora considerado sujeito processual, o MP não tem a natureza de parte da relação processual penal.[25]

Prevê, o mesmo artigo, que o MP se paute por critérios de estrita objetividade, o que é explicado pela doutrina por sua atuação *"mais vincada de saneamento substancial na decisão de acusação ou de não acusação e ainda maior objetividade e sentido de pré-julgamento, tudo conduzindo à idéia de que, deduzida a acusação, sobre ela se ergue a forte convicção, por parte do próprio acusador, do bem fundado da decisão a que ela conduziu"*[26]. Por isso que, ao contrário, quando injusta a condenação, tem legitimidade para recorrer em favor do arguído (artigo 53.2,d)[27].

O terceiro sujeito é o argüido, aquele sobre quem recai fundada suspeita de ter perpetrado uma infração, cuja existência está suficientemente comprovada. A constituição da condição de argüido pode se dar por iniciativa do Ministério Público ou dos órgãos de polícia criminal, bem como por requerimento do próprio, pois a partir da condição, passa a ter certos direitos processuais especificados no artigo 61.1, dentre os quais presenciar os atos processuais, ser ouvido pelo Tribunal em caso de tomada de qualquer decisão que lhe afete, direito ao silêncio, assistência jurídica, direito à contra-prova, direito de informação acerca de seus direitos, recorrer, além das demais faculdades inerentes à condição de parte.

Por outro lado, a mesma condição lhe impõe deveres (artigo 61.3), como o de comparecer perante o Juiz, o Ministério Público e os órgãos de polícia criminal, sob pena até de prisão preventiva (artigos 116.2 e 332.4), responder com verdade acerca de sua qualificação, prestar termo de identidade e residência, sujeitar-se a diligências de prova e a medidas de coação e de garantia patrimonial previstas em lei.

---

[25] *"O MP é um órgão de justiça com um estatuto muito diverso das vulgares partes processuais..."* (Ac. STJ de 13/12/1995, *in* GONÇALVES, Manuel Lopes Maia – Código de Processo Penal, p. 160)

[26] LÚCIO, Laborinho, *apud* GONÇALVES, Manuel Lopes Maia – Código de Processo Penal, p. 159.

[27] Assinala PEREIRA, Rui, que *"nesse caleidoscópio de atribuições, o Ministério Público revela logo uma natureza ambivalente, surgindo ora como perseguidor penal ora como protector de desvalidos"* (O Domínio do Inquérito pelo Ministério Público *in* Jornadas de Direito Processual Penal e Direitos Fundamentais, Ed. Almedina).

Veja-se que o direito ao silêncio (artigo 343) não o exime de responder, com verdade, acerca de sua completa qualificação, identidade e residência e nos casos previstos na lei, acerca dos seus antecedentes criminais, sob pena de incidir em outro crime (artigo 61.3.*b*). O direito ao silêncio, fundado no princípio da presunção de inocência, circunscreve-se ao direito de não prestar declarações sobre os fatos que lhe são imputados (artigos 61.1, *d*, e 343.1) e quando exercido não o pode desfavorecer, mesmo em caso de silêncio parcial (artigo 345). Reconhece-se, porém, que o silêncio pode acabar por ser valorado faticamente em seu desfavor.[28]

O argüído pode também constituir meios de provas: material – relativo às declarações sobre os fatos por ele próprio ou através de testemunhas; ou formal – na medida em que, se desejar, seu corpo pode ser objeto de perícias. Tem direito de ser interrogado tantas vezes vier a ser preso, no mesmo processo[29], e sempre que qualquer ato de constrição lhe vier a ser aplicado (artigo 61.1.*b*). O primeiro interrogatório judicial a que é submetido e os subseqüentes são feitos pelo Juiz (artigos 141 e 144.1), mas pode sê-lo sumariamente pelo Ministério Público se tratar de interrogatório não judicial (artigo 143.1), já que os realizados no inquérito são presididos pelo MP (artigo 144.2).

O direito à assistência jurídica inclui, não só, ser defendido por profissional de sua escolha, mas o de receber um defensor nomeado pela autoridade judiciária que dirige o processo no momento em causa, sob indicação da Ordem dos Advogados. Em caso de criminalidade violenta ou organizada e terrorismo, o MP pode determinar que o arguído não se entreviste com ninguém, exceto seu defensor (artigo 143).

Por fim, tem-se o assistente como sujeito processual[30]. Em regra, cabe ao ofendido a legitimidade para se constituir como assistente,

---

[28] *"Se o arguído não pode ser juridicamente desfavorecido por exercer o seu direito ao silêncio, já, naturalmente, o pode ser de um mero ponto de vista fáctico, quando do silêncio derive o definitivo desconhecimento ou desconsideração de circunstâncias que serviriam para justificar ou desculpar, total ou parcialmente, a infracção"* (FIGUEIREDO DIAS, apud GONÇALVES, Manuel Lopes Maia – Código de Processo Penal, p. 172/173).

[29] *"O arguido deve ser interrogado pelo Juiz sempre que seja preso, ainda que no âmbito do mesmo processo, e não apenas a primeira vez"* (Ac. RE de 16/4/1996, in GONÇALVES, Manuel Lopes Maia – Código de Processo Penal, p. 348).

[30] Cf. JORGE DE FIGUEIREDO DIAS/ANABELA MIRANDA RODRIGUES, «Parecer sobre a legitimidade da S.P.A. em processo penal», in: AA. VV., *Direito de Autor: Gestão e*

considerando-se como tal o concreto portador dos interesses que a lei quis especialmente proteger com a incriminação[31] (artigo 68.1, *a*). Admite-se a chamada ação penal popular, podendo qualquer cidadão constituir-se como assistente nos crimes contra a paz, a humanidade, de tráfico de influência, de favorecimento pessoal praticado por funcionário, de denegação de justiça, de prevaricação, de corrupção, de peculato, de participação econômica em negócio e de fraude na obtenção ou desvio de subsídio ou subvenção (artigo 68.1, *e*). Cabe ao assistente, fundamentalmente, colaborar com o MP em atuação a este subordinada (artigo 69), intervir e produzir atos durante o processo.

O ofendido e outros lesados podem constituir-se como partes civis, visando à indenização pelo dano causado pelo crime (artigo 71), nos próprios autos do processo criminal. Trata-se de uma intervenção adesiva, enquanto não prejudicar o andamento do processo criminal. Excepcionalmente, o MP tem legitimidade para postular a indenização, quando representar o Estado ou pessoas cuja representação lhe seja atribuída por lei, como no caso de incapazes (artigo 76.3).

Com relação ao sistema probatório, já se acentuou que o Código adotou o princípio da verdade material, cabendo, tanto ao Juiz, como ao MP e ao arguído a busca da verdade. Essa busca, contudo, pauta-se pelo princípio da legalidade (artigo 125), ou seja, apenas as provas legalmente admissíveis podem ingressar no processo. As proibições de prova constam de um rol taxativo (artigo 126) e são de duas ordens: os métodos que ofendem a integridade física ou moral das pessoas, nos quais nem mesmo o consentimento do arguído pode sanar a nulidade decorrente (artigo 126.2) e os métodos que incidam em qualquer tipo de intromissão na vida privada, no domicílio, na correspondência ou nas telecomunicações, sem a devida autorização da pessoa visada (artigo 126.3). As proibições de prova seguem o disposto na Constituição, especialmente artigos 32, 34 e 126.

Prática Judiciária. Temas de Direito de Autor, III, 2.ª ed., SPA, 1989, p. 111 e ss., e, por último, AUGUSTO SILVA DIAS, "A tutela do ofendido e a posição do assistente no processo penal português", *in:* Maria Fernanda Palma (coord.), *Jornadas de Direito Processual Penal e Direitos Fundamentais*, Almedina, 2004, p. 55 e ss.

[31] Com interesse, os acórdãos de uniformização de jurisprudência do Supremo Tribunal de Justiça n.º 1/2003 e n.º 8/2006.

Especificamente quanto aos denominados frutos da árvore proibida ou efeito à distância, a jurisprudência portuguesa tem seguido a alemã, quando da aplicação do artigo 122 do Código, que admite a utilização da prova contaminada casuisticamente.[32]

A busca pessoal deve ser determinada pela autoridade judiciária (artigos 174 e 251), mas os órgãos de polícia criminal pode fazê-la em alguns casos, como criminalidade violenta ou organizada e terrorismo, quando de detenção em flagrante em crimes punidos com prisão ou quando houver consentimento do visado (artigo 174.4). A busca domiciliar deve ser precedida de ordem do Juiz – e não da autoridade judiciária genericamente – (artigo 177), mas pode ser, excepcionalmente, deferida pelos órgãos de polícia criminal ou pelo MP nas mesmas hipóteses em que é permitida a busca pessoal (artigo 174.4).

A interceptação da correspondência também depende de ordem do Juiz e somente em crimes com pena superior, no grau máximo, a três anos (artigo 179), sublinhando-se que o Juiz deve ser o primeiro a ler a correspondência apreendida.

O Código inclui no termo escuta telefônica tanto a interceptação, como a gravação de comunicação telefônica (artigo 187), e ambas carecem de ordem do Juiz. É cabível nos crimes punidos com pena de prisão superior, no grau máximo, a três anos, nos crimes de estupefacientes, nos relativos a armas, engenhos, matérias explosivas e análogas, nos crimes de contrabando, ou, finalmente, nos de injúria, ameaça, coacção de devassa da vida privada e perturbação da paz e sossego, quando cometidos através de telefone (artigo 187.1). Excepcionalmente, em crimes especificados, pode ser solicitada ao juízo do lugar em que se puder efetivar a medida ou do lugar da entidade que estiver investigando (artigo 187.2). A mesma disciplina é estendida à interceptação de comunicação por qualquer meio técnico diferente do telefone (artigo 190).

No que tange ao conhecimento fortuito em interceptação realizada com ordem judicial, ou a chamada prova encontrada, a lei nada diz.[33]

---

[32] *"Não é inconstitucional o n.º 1 do art. 122.º do CPP, no entendimento de que abre possibilidade de ponderação do sentido das provas subsequentes, não declarando a invalidade destas* (Ac. do Tribunal Constitucional n.º 198/2004, *in* Gonçalves, Manuel Lopes Maia – Comentários ao Código de Processo Penal, p. 296).

[33] A propósito vale citar Costa Andrade: *"À semelhança da Alemanha, também entre nós, à vista do silêncio da lei processual penal positiva, só do labor da jurisprudência*

Quanto ao regime de prisão e liberdade, cumpre observar que a prisão preventiva pauta-se pelo princípio da subsidiariedade e da necessidade. Nesse sentido, outras medidas de coação são previstas no Código, tudo para evitar o encarceramento preventivo: caução (artigo 197), obrigação de apresentação periódica (artigo 198), suspensão de exercício de funções, profissão e direitos (artigo 199), proibição de permanência, de ausência e de contatos (artigo 200), obrigação de permanência na habitação (artigo 201). Todas elas, inclusive a preventiva, dependem da existência dos seguintes pressupostos: fuga ou perigo de fuga, perigo para a prova da investigação ou do processo, perigo de continuação da atividade criminosa ou de perturbação grave da ordem e tranqüilidade públicas (artigo 204). A prisão preventiva só é, em regra, decretável se nenhuma medida de coação surtir o efeito esperado, o crime for doloso e punido, em seu grau máximo, com pena de prisão superior a cinco anos, ou quando se tratar de estrangeiro em situação irregular (artigo 202).

Submete-se a prazos que variam de seis meses a dois anos, que podem, entretanto, ser prorrogados excepcionalmente até três anos e quatro meses, em crimes taxativamente referidos e quando incidirem duas outras condições: complexidade do processo e quando pender algum recurso no Tribunal Constitucional (artigo 215). O decreto de prisão preventiva deve ser reavaliado de três em três meses (artigo 213).

A detenção (artigo 254) pode ser decretada, fora dos casos de flagrante delito, pelo Juiz (artigo 194.1), pelo MP e excepcionalmente pelos órgãos de polícia criminal (artigo 257). A detenção tem validade de 48 horas, tão somente até a apresentação ao Juiz, que deve decretar a prisão preventiva ou determinar a imediata liberação do preso[34].

---

e da doutrina pode esperar-se a necessária e ajustada resposta ao problema do conhecimento fortuito. Como início de resposta, temos por bem fundado o entendimento da doutrina e jurisprudência alemãs na parte em que reclama como exigência mínima que os conhecimentos fortuitos se reportem a um crime do catálogo, s.c, a uma das infracções previstas no art. 177.º do CPP. Para além disto, cremos, em segundo lugar, ser mais consistente a posição dos autores que, a par do crime do catálogo, fazem intervir exigências complementares tendentes a reproduzir aquele estado de necessidade investigatório que o legislador terá arqueticamente representado como fundamento da legitimação (excepcional) das escutas telefónicas)" (Apud GONÇALVES, Manuel Lopes Maia – Comentários ao Código de Processo Penal, p. 408/409).

[34] Na detenção *"a privação da liberdade haja de ser confirmada por subsequente intervenção judicial, isto para acentuar o caráter precário e condicional da detenção, sujeita à condição resolutiva de homologação judicial"* (GONÇALVES, Manuel Lopes Maia – Comentários ao Código de Processo Penal, p. 521).

O flagrante só tem lugar se o crime for punível com pena de prisão (artigo 255) e revela a idéia de imediaticidade em relação à infração penal.

Por fim, o ordenamento português prevê um importante instrumento para a celeridade dos processos, que é o incidente de aceleração processual (artigo 108), a ser requerido pelo MP, pelo argüído, pelo assistente e pelas partes civis, e dirigidas ao Procurador-Geral da República (se o processo estiver sob a direção do MP) ou ao Conselho Superior da Magistratura (se o processo estiver sob a direção do Juiz). Se procedente o pleito, o órgão competente determinará a realização de inquérito sobre a causa do atraso e determinará as medidas administrativas necessárias que a situação justificar (artigo 109).[35]

IV. Sistema Constitucional Brasileiro

Após um longo período ditatorial[36], que durou de 1964 a 1985, foi possível ao País elaborar a Constituição atual, promulgada em 05/10/88, na linha mais avançada do constitucionalismo contemporâneo, agasa-

---

[35] Segundo GONÇALVES, Manuel Lopes Maia – Comentários ao Código de Processo Penal, p. 271: *"ficou muito restringida a eficácia deste incidente..."* porque só pode tomar medidas administrativas.

[36] A ditadura foi instituída por meio de uma revolução que eclodiu em 31/3/1964, produto da insatisfação dos militares e de parcela da sociedade civil com os rumos políticos do governo João Goulart, que prometia realizar profundas reformas na sociedade brasileira, as chamadas *reformas de base*, dentre as quais a reforma agrária. Deposto João Goulart, assumiu o governo uma junta militar constituída pelos chefes das três forças armadas: almirante Augusto Rademaker, general Artur da Costa e Silva e o brigadeiro Francisco de Assis Correia de Melo. Em 15/4/1964, o Congresso Nacional elegeu, indiretamente, para o cargo de Presidente da República, o general Humberto Castelo Branco. Durante o ano de 1984, o país assistiu a uma mobilização popular sem precedentes: em todas as cidades e capitais a população manifestou seu repúdio às eleições indiretas e exigiu o voto direto para Presidente. Tancredo Neves foi eleito Presidente da República, ainda pelo voto indireto, mas adoeceu dias antes de sua posse, marcada para 15/3/1985, tendo morrido um mês depois, quando assumiu o Vice-Presidente, José Sarney, dando início à transição do regime militar para o regime democrático. O movimento das Diretas Já conseguira o seu objetivo: determinar a transição do regime militar autoritarista para a sociedade democrática, representada através de seus governantes, eleitos pelo povo através do voto direto, estabelecendo as bases para a criação do Estado Democrático de Direito.

lhando os direitos fundamentais ditos de terceira geração ou, mais precisamente, os direitos coletivos, os de solidariedade social e os interesses difusos, sem esquecer, naturalmente, das garantias e direitos clássicos, tanto individuais quanto sociais.

Seguiu uma tradição histórica brasileira, já presentes nas Constituições de 1934 e de 1946 – quebrada pelas Cartas de 1937 e 1967[37] –, que se traduzia na tentativa de combinar a igualdade política formal, típica do liberalismo estrito da Constituição de 1891, com o reconhecimento de direitos sociais que garantissem alguma medida de igualdade real, para o que ela pressupunha uma forte intervenção do Estado na economia capitalista por meio de políticas de cunho social.

A Constituição proclama o Brasil como um Estado Democrático de Direito, tendo como fundamentos a soberania, a cidadania e a dignidade da pessoa humana, o pluralismo político e os valores sociais do trabalho (artigo 1.º), regendo-se nas relações internacionais pelo princípio de prevalência dos direitos humanos (artigo 4.º, inciso II). Estabelece também, além dos direitos e garantias expressos no texto constitucional, a possibilidade da proteção judicial de direitos fundamentais decorrentes dos tratados internacionais dos quais o Brasil seja signatário (artigo 5.º, parágrafo 2.º)[38].

De outra parte, a Carta de 1988 recebeu influências do constitucionalismo francês, norte-americano, italiano, português e alemão[39].

---

[37] *"É de se assinalar que durante a ditadura dos militares o Brasil testemunhou a ação de dois poderes constituintes paralelos: um, tutelado, fez sem grande legitimidade a Carta semi-autoritária de 24 de janeiro de 1967; o outro, derivado da plenitude do poder autoritário e auto-intitulado poder revolucionário, expediu, à margem da legalidade formalmente imperante, os Atos Institucionais, bem como a Emenda n.1 à Constituição de 1967, ou seja, a "Constituição" da Junta Militar, de 17 de outubro de 1969"* (BONAVIDES, Paulo – Curso de Direito Constitucional, 14ª edição, p. 367).

[38] A Emenda Constitucional n.º 45/2004 estabeleceu que os tratados e as convenções internacionais sobre direitos humanos integrarão o texto constitucional, desde que aprovadas com as mesmas exigências das emendas constitucionais (artigo 5.º, § 3.º). Também prescreveu que o Brasil se submete à jurisdição do Tribunal Penal Internacional (artigo 5.º, § 4.º).

[39] *"Quem se propuser a uma análise em profundidade da evolução constitucional do Brasil não terá dificuldade em distinguir três fases históricas perfeitamente identificáveis em relação aos valores políticos, jurídicos e ideológicos que tiveram influxo preponderante na obra de caracterização formal das instituições: a primeira, vinculada ao modelo constitucional francês e inglês do século XIX; a segunda, representando já*

Entre as muitas inovações, poder-se-ia destacar a ampliação, no Título da Ordem Social, dos direitos previdenciários, do direito à educação, do amparo e proteção à cultura e ao meio ambiente, à família, à criança, aos adolescentes, aos idosos e aos índios.

São características da Constituição da República Federativa do Brasil: a supremacia, a legitimidade (como resultado da vontade popular), a forma escrita, a formalidade[40], a forma analítica e dirigente, e a rigidez.

Os objetivos declarados do Estado brasileiro são a construção de uma sociedade livre, justa e solidária, a garantia do desenvolvimento nacional, a erradicação da pobreza e da marginalização, a redução das desigualdades sociais e regionais e a promoção do bem de todos, sem preconceitos de origem, raça, sexo, cor, idade e quaisquer outras formas de discriminação (artigo 3.º).

Adotou expressamente o regime representativo (artigo 1.º, parágrafo único) para instaurar um modelo democrático de Direito.

São três os poderes da República: o Legislativo, exercido pelo Congresso Nacional com a principal missão de elaborar as leis; o Executivo, exercido pelo Presidente da República que tem a incumbência de governar e administrar o Estado; e o Judiciário, exercido pelos Juízes e Tribunais que interpretam e aplicam as leis com força de definitividade. O princípio da divisão dos poderes determina que cada um deles atue independente, mas harmoniosamente (artigo 2.º).

As razões históricas – um longo período ditatorial com supressão sistemática de direitos – justifica o rol extenso dos direitos fundamentais[41], o mais extenso dentre todas as Constituição brasileiras. A Carta

---

uma ruptura, atada ao modelo norte-americano e, finalmente, a terceira, em curso, em que se percebe, com toda a evidência, a presença de traços fundamentais presos ao constitucionalismo alemão do corrente século" (BONAVIDES, Paulo – Curso de Direito Constitucional, 14ª edição, p.361).

[40] *"Importa, pois, apenas o conceito de normas constitucionais formais, assim consideradas, como vimos, todas as que integram uma constituição rígida, nada interessando seu conteúdo efetivo, porque só elas constituem fundamento de validade do ordenamento jurídico"* (SILVA, José Afonso – Aplicabilidade das Normas Constitucionais, 6ª edição, 3ª tiragem, p.45).

[41] Quanto aos direitos fundamentais, cumpre destacar que alguns doutrinadores brasileiros reivindicam para o País a antecedência histórica em subjetivar e em positivar os direitos do homem, em um texto constitucional, ao fazê-lo na primeira Constituição, de 1824, imperial (SILVA, José Afonso da – Curso de Direito Constitucional Positivo, p. 170, 20ª edição, 2002, Ed. Malheiros).

chega a descer em minúcias ao tratar do tema, não o fazendo apenas no Título próprio – Título II: dos Direitos e Garantias Fundamentais – mas prevendo direitos fundamentais ao longo de toda a obra. O próprio Supremo Tribunal Federal – STF manifestou seu entendimento de que os Direitos Fundamentais não são exclusivamente encontrados apenas no Titulo II, mas ao longo da Carta, permitindo que se conclua que vigora o princípio da atipicidade dos direitos fundamentais.

De todas as Constituições brasileiras é a que mais se dedica aos direitos fundamentais sociais, não só o fazendo no título reservado aos direitos fundamentais, mas destacando um título inteiro para fazê-lo – o Título VIII. Embora patente a preocupação social, a doutrina vem pontuando a dificuldade de efetivá-los.[42] A jurisprudência, especialmente do STF, vem tentando delinear com afinco a questão da *reserva do possível*, com a preocupação de não onerar o Estado com prestações impossíveis de realizar, mas, ao mesmo tempo, evitando-se a alegação de impossibilidade material sem a devida justificação.[43]

No que respeita à busca de efetividade de tais direitos, a Constituição explicita, no artigo 5.º, § 1.º, que todas as normas definidoras de direitos e garantias fundamentais têm aplicação imediata, sem qualquer distinção quanto à natureza do direito. [44]

---

[42] Silva, José Afonso da – Curso de Direito Constitucional Positivo, p. 463, 20ª edição, 2002, Ed. Malheiros: *"Mas não é de esquecer-se que o sistema de proteção dos direitos sociais é ainda muito frágil"*.

[43] STF, RE-AgR 410715/SP, 2ª Turma, DJ 3/2/2006, Min. Celso de Mello: *"Não se ignora que a realização dos direitos económicos, sociais e culturais – além de caracterizar-se pela gradualidade de seu processo de concretização – depende, em grande medida, de um inescapável vínculo financeiro subordinado às possibilidades orçamentárias do Estado, de tal modo que, comprovada, objetivamente, a alegação de incapacidade económico-financeira da pessoa estatal, desta não se poderá razoavelmente exigir, então, considerada a limitação material referida, a imediata efetivação do comando fundado no texto da Carta Política...Cumpre advertir, desse modo, na linha de expressivo magistério doutrinário...que a cláusula da 'reserva do possível' – ressalvada a ocorrência de justo motivo objetivamente aferível – não pode ser invocada, pelo Estado, com a finalidade de exonerar-se, dolosamente, do cumprimento de suas obrigações constitucionais, notadamente quando, dessa conduta governamental negativa, puder resultar nulificação ou, até mesmo, aniquilação de direitos constitucionais impregnados de um sentido de essencial fundamentalidade"*.

[44] Silva, José Afonso da – Curso de Direito Constitucional Positivo, p. 465, 20ª edição, 2002, Ed. Malheiros: *"Não é, pois, só a garantia dos direitos políticos, mas de todos os direitos fundamentais: individuais, coletivos, sociais, de nacionalidade e*

A justiça brasileira é composta pelos seguintes órgãos: a) o STF – Supremo Tribunal Federal; b) o STJ – Superior Tribunal de Justiça; c) os Tribunais Regionais Federais – TRF's e Juízes Federais; d) os Tribunais Regionais Federais e Juízes do Trabalho; e) os Tribunais e Juízes Eleitorais; f) os Tribunais e Juízes Militares; e g) os Tribunais de Justiça – TJ's e Juízes dos Estados e do Distrito Federal (artigo 92), regidos pelo princípio da imparcialidade da função jurisdicional.

Ao STF cumpre, como atribuição principal, a guarda da Constituição e a unidade de sua interpretação, além de outras competências (artigo 102). É composto por 11 Ministros, escolhidos dentre os cidadãos brasileiros natos, com mais de 35 e menos de 65 anos de idade, de notável saber jurídico e reputação ilibada, nomeados pelo Presidente da República, depois de aprovada a escolha pela maioria absoluta do Senado Federal.

É importante frisar que o STF, não é o único órgão competente para apreciar matéria constitucional. O sistema de controle de constitucionalidade brasileiro é *difuso,* ou seja, pode ser exercido por *via direta,* junto ao STF, ou por via indireta, incidental, mediante exceção, perante qualquer Juiz competente, desde que o julgamento da causa penda de norma que contrarie a Constituição.

O Superior Tribunal de Justiça – STJ foi criado pela Constituição de 1988 com o objetivo principal de examinar as possíveis violações a normas federais, o controle de sua efetividade e a uniformidade de sua interpretação (artigo 105). É composto por Juízes dos Tribunais Regionais Federais (um terço), Desembargadores dos Tribunais de Justiça indicados em lista tríplice elaborada pelo próprio Tribunal (um terço) e por advogados e membros do Ministério Público Federal, Estadual e do Distrito Federal, alternadamente indicados (um terço), na forma do artigo 94 da Constituição, todos nomeados pelo Presidente da República.

A Constituição dedica-se a enunciar as funções essenciais à Justiça, que compõem um conjunto de atividades profissionais jurídicas, públicas ou privadas, incumbidas de promover o funcionamento da máquina do Poder Judiciário, realizadas por diversos agentes, como o Ministério Público, a advocacia e a Defensoria Pública (artigos 127 a 135).

---

políticos...Sua existência só por si, contudo,estabelece uma ordem aos aplicadores da Constituição no sentido de que o princípio é o da eficácia plena e a aplicabilidade imediata das normas definidoras dos direitos fundamentais..."

O Ministério Público é um órgão com autonomia funcional e administrativa, permanente, encarregado da defesa da ordem jurídica, do regime democrático e dos interesses sociais, individuais e coletivos indisponíveis, tendo, dentre suas funções mais importantes, o exercício, privativo da ação penal pública. Goza do princípio da independência funcional, ou seja, age segundo a própria consciência de cada membro, sem aceitar interferência de outros órgãos do próprio MP, de Juízes ou do Poder Executivo.

No que interessa ao presente trabalho, deve-se destacar as garantias processuais contempladas na Constituição: a presunção de inocência (artigo 5.º, inciso LVII), a ampla defesa e o contraditório (artigo 5.º, LV), o direito ao silêncio (artigo 5.º, LXIII), a celeridade processual ou a razoável duração do processo (artigo 5.º, LXXVII, incluído pela Emenda Constitucional n.º 45/2004), a publicidade e o segredo de justiça (artigos 5, LX e 93, IX)[45]; o princípio da liberdade e sua restrição provisória apenas por flagrante delito ou ordem da autoridade judiciária competente (artigo 5.º, LXI, LXV e LXVI), a inviolabilidade das comunicações, salvo das comunicações telefônicas nos casos que a lei admitir e por ordem judicial (artigo 5.º, XII), entre outros.

Tais garantias processuais cumprem uma importantíssima função no sistema processual penal brasileiro, no sentido de moldarem a interpretação do Código de Processo, de sua feição original autoritária, para uma interpretação democrática, suprindo, assim, a defasagem em que se encontra a legislação brasileira, no particular.

Além delas, vige no direito brasileiro, as disposições da Convenção Americana sobre Direitos Humanos (Pacto de São José da Costa Rica), de 1969, promulgada pelo Decreto n.º 678, de 6/11/1992.

Finalizando, cumpre esclarecer que, desde sua promulgação, a Constituição tem sido rotineiramente emendada, dificultando a estabilização de sua compreensão tanto pelos operadores do direito, como pela sociedade em geral.

---

[45] O inciso IX, do artigo 93, da Constituição foi alterado pela Emenda Constitucional n.º 45/2004, que sobrevalorizou o interesse público à informação em detrimento das causas autorizadoras do segredo de justiça (a defesa da intimidade e o interesse social).

V. Sistema Processual Penal Brasileiro

Para compreender o sistema processual penal brasileiro é preciso antes sublinhar a imensa tensão e a grande incongruência entre o Código de Processo Penal de 1941 e a Constituição de 1988. O Código foi redigido em período ditatorial, de matriz fascista, enquanto que a Constituição é fruto do mais amplo movimento democrático já visto na história brasileira. A convivência entre os dois diplomas é conflituosa, ora preponderando, na legislação posterior, na doutrina e na jurisprudência soluções e interpretações mais afeitas ao Código, ora mais harmônicas à Constituição. Ainda que a Constituição tenha de imperar, ao final, o percurso tem sido trilhado lentamente. Reformas pontuais têm sido empreendidas, nem sempre muito afinadas com os princípios constitucionais, sendo vasta a legislação extravagante, tanto em matéria penal, como em matéria processual. Recentemente, alguns dispositivos do Código sofreram reforma, produto das Leis n.° 11.690, 11.698 e 11.719, todas de 2008, bem como tramitam no Congresso Nacional outros projetos de lei visando à reforma processual penal. Mas o que a maioria da doutrina e dos aplicadores do Código reivindica é um novo Código de Processo Penal.

Acresça-se a este cenário um período de incremento da criminalidade violenta, produto da desigualdade social e econômica da sociedade brasileira, e que deflagra em boa parte dessa mesma sociedade e dos órgãos de comunicação a reivindicação por uma legislação mais rígida, numa inequívoca demonstração de um anseio por mais segurança.

Essa tensão justificará que, nesse trabalho, se recorra com freqüência às disposições constitucionais e mesmo à doutrina para que se possa interpretar adequadamente o velho, mas ainda vigente, Código de Processo.

Duas vigorosas ditaduras marcaram a história brasileira. A primeira se estendeu de 1937 até 1945, liderada por Getúlio Vargas[46]. A segunda

---

[46] Getúlio Dornelles Vargas nasceu em São Borja, Rio Grande do Sul, em 19/4//1882. Teve formação militar e jurídica. Começou sua militância política ainda no meio acadêmico, sendo eleito em 1909 para seu primeiro mandato como parlamentar. Em 1930, como presidente do Rio Grande do Sul (atualmente governador), foi derrotado na eleição presidencial, supostamente fraudada, e, assim, liderou uma revolução contra o governo de Washington Luís, de quem tinha sido Ministro da Fazenda. A revolução foi vitoriosa e Getúlio governou até 1945, instalando, no País, uma ditadura fascista, até que foi deposto por um golpe militar em 1945. Foi eleito presidente, democraticamente, em 1950, se suicidando no curso do mandato em 1954, em meio a intensa oposição ao seu governo por setores das Forças Armadas e da sociedade civil.

se iniciou em 1964, por força de um golpe militar, e se estendeu até 1985, com a eleição do Presidente Tancredo Neves. O Código de Processo é produto da primeira daquelas ditaduras. Surgiu no auge do regime, influenciado pela panorâmica fascista européia, que impunha aos povos regimes autoritários, com inegáveis restrições a direitos individuais.

Sua Exposição de Motivos ressalta que, *"a par da necessidade de coordenação sistemática das regras de processo penal em um código único para todo o território brasileiro"*, o objetivo principal da nova legislação era o de maior eficiência e energia na ação repressiva do Estado contra os que delinqüem, porque *"as nossas vigentes leis de processo penal asseguram aos réus, ainda que colhidos em flagrante ou confundidos pela evidência das provas, um tão extenso catálogo de garantias e favores que a repressão se torna, necessariamente, defeituosos e retardatários"*. Destacava, a Exposição, que fossem abolidas as injustificáveis primazias dos interesses individuais sobre a tutela social: *"Não se pode continuar a contemporizar com pseudo-direitos individuais em prejuízo do bem comum. O indivíduo, principalmente quando vem de se mostrar rebelde à disciplina jurídico-penal da vida em sociedade, não pode invocar em face do Estado, outras franquias ou imunidades além daquelas que o assegurem contra o exercício do poder público fora da medida reclamada pelo interesse social"*.[47]

É dentro desta perspectiva histórica que o inquérito policial foi conservado como procedimento administrativo, inquisitivo, escrito, sigiloso[48], preliminar ou preparatório da ação penal, conduzido pelo Delegado

---

[47] Exposição de Motivos do Código do Processo Penal (Decreto-Lei n.º 3.689, de 03/10/1941, publicado no Diário Oficial da União, de 13 de outubro de 1941).

[48] Ainda hoje as decisões das Cortes Superiores divergem sobre a extensão do caráter sigiloso do inquérito. Enquanto a mais alta Corte, o STF, considera inoponível o sigilo ao advogado, o STJ ainda decide que não há um direito absoluto da defesa de conhecer os autos do inquérito policial. Confira-se: STF, HC 90.232 – AM, 1ª Turma, DJU 02/03/2007, Min. Sepúlveda Pertence: *"... II. Inquérito policial: inoponibilidade ao advogado do indiciado do direito de vista dos autos do inquérito policial. 1. Inaplicabilidade da garantia constitucional do contraditório e da ampla defesa ao inquérito policial, que não é processo, porque não destinado a decidir litígio algum, ainda que na esfera administrativa; existência, não obstante, de direitos fundamentais do indiciado no curso do inquérito, entre os quais o de fazer-se assistir por advogado, o de não se incriminar e o de manter-se em silêncio."* Em sentido contrário: STJ, ROMS 15.167-PR, 5ª Turma, DJU 10/03/2003, Ministro Félix Fischer: *"Processual Penal. Recurso em Mandado de Segurança. Inquérito Policial. Advogado. Acesso. Necessidade*

de Polícia, que integra a Polícia Judiciária, nos crimes de competência da Justiça Estadual, ou pelo Delegado Federal, que integra a Polícia Federal, nos crimes de competência da Justiça Federal. O Ministério Público somente exerce o controle externo do inquérito policial, mas não o dirige (artigo 129, VII, da Constituição).

Tem sua origem na *notitia criminis* ou em atos investigatórios realizados pela própria polícia judiciária. Assim dispõe o artigo 5.º do Código que o inquérito será iniciado: a) de ofício pela própria autoridade policial; b) por requisição do Ministério Público; c) por requerimento do ofendido, nos casos de ação penal pública incondicionada; d) por comunicação oral ou escrita do fato criminoso (*notitia criminis*); e) por representação do ofendido nos delitos de ação penal pública condicionada à representação e f) requerimento do ofendido nos casos de ação penal de iniciativa privada.

Compete à autoridade policial recolher provas para apurar o cometimento das infrações penais e respectiva autoria. Assim, o artigo 6.º incumbe-lhe de apreender os objetos que tiverem relação com o fato, proceder a buscas domiciliares, nesse caso, dependente de ordem judicial, exceto no caso de crime em estado de flagrância, bem como ouvir o indiciado, respeitando os direitos constitucionais de assistência técnica, direito ao silêncio e direito de informação.

À Autoridade Policial é reconhecida a faculdade de proceder a exames de corpo de delito ou outras perícias quando necessário, bem como a reconstituição do crime. Assim, considerando que o exame de corpo de delito pode ser realizado na vítima como também no autor do delito, discute-se atualmente se o indiciado tem o direito de não se submeter à perícia e à reconstituição, como manifestação de sua autodefesa negativa por força do disposto no artigo 5.º, LXIII, da Constituição[49].

---

de Sigilo. Justificativa. Ausência de direito líquido e certo. I – O inquérito policial, ao contrário do que ocorre com a ação penal, é procedimento meramente informativo de natureza administrativa e, como tal, não é informado pelos princípios do contraditório e da ampla defesa, tendo por objetivo exatamente verificar a existência ou não de elementos suficientes para dar início à persecução penal. Precedentes. II – O direito do advogado ter acesso aos autos de inquérito não é absoluto, devendo ceder diante da necessidade do sigilo da investigação, devidamente justificada na espécie (Art. 7.º, § 1.º, 1, da Lei n.º 8.906/94).

[49] Artigo 5.º, inciso LXIII: o preso será informado de seus direitos, entre os quais o de permanecer calado, sendo-lhe assegurada a assistência da família e do advogado.

A finalidade do inquérito policial é a produção de elementos que permitam ao titular da ação penal (Ministério Público ou o ofendido, quando for o caso) decidir pela propositura da ação penal ou pelo arquivamento.

Discute-se atualmente qual o papel do Ministério Público no âmbito da investigação criminal[50]. Inegavelmente, pode requisitar diligências à polícia judiciária, que tem o dever legal de cumpri-las. A discussão atual reside na controvérsia de, ele próprio, tomar a si a investigação de um crime.

O sistema processual penal brasileiro, tradicionalmente, mantém o Juiz afastado do inquérito policial. O Juiz não orienta a investigação e nem deve presenciar seus atos. A doutrina tem sustentado que a posição do Juiz deve ser a de garantidor dos direitos fundamentais do indiciado. Assim, tanto na investigação presidida pela autoridade policial, como naquela eventualmente presidida pelo Ministério Público, o perfil ideal do julgador deve ser o de controlador da legalidade dos atos praticados e de garantidor dos direitos fundamentais do indiciado.

Sofre o inquérito policial limitações de ordem temporal e qualitativa, valendo destacar que não é considerado imprescindível para a propositura da ação penal (artigo 35 § 5.º, do Código de Processo Penal). Como limitação temporal deve ser concluído no prazo de 10 dias (indiciado preso) e 30 dias (indiciado solto), conforme dispõe o artigo 10 do Código de Processo Penal[51].

Depois de instaurado o inquérito policial e de praticados os atos investigatórios previstos na legislação processual com o objetivo de proporcionar os elementos de convicção indispensáveis à propositura da ação penal, a autoridade policial deverá relatar o feito e encaminhá-lo ao órgão do Ministério Público com atribuição para oferecer sua *opinio delicti*. Pode o Promotor de Justiça oferecer desde logo a competente ação penal, requisitar novas diligências para a complementação do procedimento investigatório ou ainda requerer o arquivamento do feito.

---

[50] A atribuição do MP de investigar diretamente é tema ainda controverso, havendo jurisprudência nos dois sentidos, bem como manifestações contraditórias da doutrina.

[51] Na prática o prazo para a conclusão do inquérito, tratando-se de indiciado solto, não é respeitado. Problema apontado por grande parte dos operadores jurídicos consiste na degeneração da natureza do inquérito policial, de procedimento sumário, para um longo procedimento investigatório sem qualquer compromisso com seu encerramento.

Aduza-se que a autoridade policial não pode determinar o arquivamento do inquérito, pois a competência para o ato é somente da autoridade judicial. O Juiz, discordando do requerimento do Ministério Público, poderá tão somente remeter os autos ao Procurador-Geral de Justiça, por força do disposto no artigo 28 do Código de Processo Penal[52]. Sublinhe-se que caso o Procurador-Geral de Justiça insista no pedido de arquivamento não restará alternativa ao Juiz senão determinar o arquivamento do feito.

Impende salientar que a decisão que decreta o arquivamento não faz coisa julgada. O Supremo Tribunal Federal já editou súmula consolidando entendimento de que, à luz de novas provas, poderá ser promovida ação penal em relação à inquérito policial outrora arquivado.[53]

Nos delitos de ação de iniciativa privada, concluídas as investigações os autos deverão ser remetidos ao juízo competente, onde ficarão aguardando a iniciativa do ofendido pelo prazo decadencial de seis meses. Este poderá dar início ao processo através da queixa-crime ou renunciar ao direito de exercer a ação penal. Não proposta a ação penal privada mediante a queixa-crime, em nenhuma hipótese o Ministério Público poderá promover a ação penal pelo mesmo fato.

Por fim, cabe esclarecer que a disposição vigente que permite a incomunicabilidade do indiciado (artigo 21 do CPP) não foi recepcionada pela nova ordem constitucional. Se a Lei Maior veda a incomunicabilidade em casos de excepcionalidade, com muito mais razão deve proibi-la nos casos de normalidade constitucional[54].

O valor probatório dos atos produzidos no inquérito policial não era questão pacificada na doutrina e na jurisprudência brasileiras até a edição

---

[52] Tal solução é considerada pela doutrina minoritária uma afronta ao sistema acusatório e à Constituição, ao permitir que o Juiz discorde da promoção de arquivamento do MP e remeta o inquérito ao Procurador-Geral, por transformar o Juiz em investigador e em fiscal do MP (CARVALHO, Luis Gustavo Grandinetti Castanho de – Processo Penal e Constituição, 4ª edição, Ed. Lumen Juris).

[53] Súmula 524 do STF: "Arquivado o inquérito policial, por despacho do Juiz, a requerimento do promotor de justiça, não pode a ação penal ser iniciada sem novas provas."

[54] TOURINHO FILHO, Fernando da Costa – Processo Penal, I, p. 187/188, 1989, Ed. Saraiva, e CARVALHO, Luis Gustavo Grandinetti Castanho de Carvalho – Processo Penal e Constituição, 2006, Ed. Lúmen Júris. Contra: JESUS, Damásio E. – Código de Processo Penal Anotado, p. 16, 9ª edição, 1991, Editora Saraiva.

da Lei n.º 11.690/2008, que alterou a redação do artigo 155 do Código, para explicitar que o juiz deve formar a sua convicção pela livre apreciação da prova produzida em contraditório judicial, ressalvada as provas cautelares não repetíveis e antecipada. A inovação decorre diretamente do princípio constitucional do contraditório[55].

No direito brasileiro, a ação penal pode ser proposta pelo Ministério Público nos denominados crimes de ação pública ou pelo ofendido nos crimes de ação privada[56]. A ação pública se divide em incondicionada ou condicionada à representação do ofendido em casos especificados[57] ou à requisição do Ministro da Justiça nos casos previstos em lei[58]. No caso de inércia do Ministério Público em promover a ação penal pública, a lei, excepcionalmente, permite ao ofendido promovê-la, denominando esta modalidade de demanda de ação penal privada subsidiária da pública.

A representação é uma condição de procedibilidade que o legislador instituiu em alguns crimes, em favor da vítima, de modo que o MP só pode oferecer denúncia se a vítima o autorizar por meio da representação, que deve ser feita no prazo de seis meses da data em que tomou conhecimento do crime e de seu autor. Com a mesma natureza jurídica o legislador instituiu a requisição do Ministro da Justiça.

O prazo para o MP oferecer a denúncia é de cinco dias se o indiciado estiver preso, e de 30 dias, se estiver solto (artigo 46), mas a única conseqüência para a extrapolação de tais prazos é a soltura do indiciado que estiver preso, por excesso de prazo de permanência na prisão.

---

[55] Artigo 5.º, LV da Constituição Federal: "aos litigantes, em processo judicial ou administrativo, e aos acusados em geral são assegurados o *contraditório* e ampla defesa, com os meios e recursos a ela inerentes".

[56] Exemplos do Código Penal: estupro (art.213); atentado violento ao pudor (art.214); posse sexual mediante fraude (art.215); atentado violento ao pudor mediante fraude (art.216); sedução (art.217); corrupção de menores (art.218); rapto (art. 219) e rapto consensual (art.220), dentre outros.

[57] Exemplos do Código Penal: art. 130 (Perigo de contágio venéreo); art.141, II c/c o art. 145, p.único (crime contra a honra de funcionário público, em razão de suas funções; art. 147 (Ameaça); art. 152 (violação de correspondência comercial); art. 154 (violação de segredo profissional); art. 176 (tomar refeições em restaurante, alojar-se em hotel ou utilizar-se de transporte sem ter recursos para o pagamento), dentre outros.

[58] A requisição do Ministro da Justiça, por sua vez, tem lugar quando o crime foi cometido por estrangeiro contra brasileiro fora do Brasil, nas hipóteses em que for aplicável a lei brasileira (art. 7.º parágrafo 2.º, letras a, b, c, d e "e" c/c letra b, todos do C. Penal), ou crime contra honra cometido contra o Presidente da República ou chefe de governo estrangeiro (artigo 145, parágrafo único, do C. Penal).

Afora essas modalidades de intervenção, pode ainda o particular ingressar na ação penal já proposta pelo Ministério Público, na qualidade de assistente (artigos 268 a 273), mas com faculdades processuais limitadas, como a impossibilidade de arrolar testemunhas, de usar todos os recursos postos à disposição do titular da ação, e mesmo de não poder recorrer da decisão que inadmita sua intervenção como assistente.

A ação penal pública se pauta estritamente pelos princípios da obrigatoriedade ou legalidade e da indisponibilidade[59]. Já a ação penal privada é regida pelos princípios da oportunidade ou conveniência e da disponibilidade.

O primeiro sujeito processual a examinar é o Juiz. Como já referido, o Juiz não atua na fase do inquérito policial, a não ser para apreciar qualquer medida cautelar ou coibir qualquer abuso, desde que provocado pelas partes. Na fase processual, seus poderes estão genericamente indicados no artigo 251 do Código, podendo ser classificados em poderes de polícia ou administrativos, que lhe permitem manter a ordem nas audiências e na prática dos atos processuais, podendo mesmo requisitar força policial para neutralizar qualquer abuso que perturbe a tramitação do processo; e em poderes jurisdicionais que são aqueles pelos quais o Juiz controla a prática dos atos processuais, conduzindo a tramitação do processo até a sentença.

Embora haja polêmica no tocante aos poderes instrutórios do Juiz[60], o certo é que os artigos 156 (com redação da Lei n.º 11.690/2008) e 209 do Código permitem-no determinar, de ofício, diligências para dirimir dúvida sobre ponto relevante, bem como determinar o depoimento de testemunhas não arroladas pelas partes.

Para o exercício de função tão relevante, o constituinte dotou o Juiz de garantias constitucionais inerentes ao cargo, que fortalecem a sua independência, tornando-o imune a pressões políticas. Estas garantias são

---

[59] A Constituição de 1988, em seu art. 98, I, admitiu a hipótese de transação penal e de suspensão condicional do processo por 2 (dois) a 4 (quatro) anos nas hipóteses de infrações penais de menor potencial ofensivo (Lei 9.099/95), de modo consensual. O consenso peculiar à transação penal e a abdicação da pena privativa de liberdade que a caracteriza seriam, segundo alguns autores, os fundamentos para sustentar um abrandamento do princípio da obrigatoriedade ou da legalidade.

[60] Contra os poderes instrutórios do Juiz: cfr. CARVALHO, Luis Gustavo Grandinetti Castanho de – Processo Penal e Constituição, 4ª edição, Ed. Lumen Júris; PRADO, Geraldo – Sistema Acusatório, 3.º ed., Ed. Lúmen Juris.

a vitaliciedade (artigo 95, I, da Constituição); a inamovibilidade (artigo 95, II, da Constituição) e irredutibilidade de vencimentos (artigo 95, III, da Constituição).

Um outro poder atribuído ao Juiz pelo Código brasileiro consiste na possibilidade, na fase de julgamento, de *emendatio libelli*, ou seja, a possibilidade de o Juiz corrigir a capitulação da denúncia, feita pelo acusador, ainda que para agravar a situação do réu (artigo 383, com redação da Lei n.º 11.719/2008, que manteve, em linhas gerais, o teor da redação anterior). A mesma Lei, porém, alterou a sistemática da *mutatio libelli*, para incluir fato não mencionado explícita ou implicitamente na denúncia. É que, na sistemática anterior, ao Juiz era possível instar o Ministério Público a fazer o aditamento da denúncia, e, agora, a providência deve ser tomada pelo Ministério Público e deve observar o seguinte procedimento: o aditamento pode ser feito no prazo de 5 dias, oportunidade em que podem ser arroladas outras três testemunhas; vista a defesa por outros 5 dias e idêntica oportunidade de arrolar testemunhas; se for recebido o aditamento, o Juiz deve marcar data para audiência com a inquirição das testemunhas e novo interrogatório (artigo 384 e parágrafos, com redação da Lei n.º 11.719/2008). Caso o Ministério Público não adite a denúncia, entendendo o Juiz ser o caso, a solução prevista pela nova lei é possibilitar ao Juiz remeter os autos ao Procurador-Geral da Justiça para que ele, se entender cabível, designe outro Promotor para fazer o aditamento.

Todas as decisões judiciais devem ser fundamentadas, bem como todo ato processual que presidir deve ser público, por expressa imposição constitucional e sob pena de nulidade (artigo 93, IX, da Constituição), salvo as exceções permitidas pela Constituição e pelas leis ordinárias

O segundo sujeito processual é o Ministério Público, titular exclusivo da ação penal pública (artigo 129, I, da Constituição). Ocupa um dos pólos da relação processual, por isso é considerado parte[61] na ação penal pública, condicionada ou incondicionada. Na ação penal privada, oficia como fiscal da lei, zelando pela sua regular aplicação.

Tem as mesmas vedações que o Juiz no tocante aos impedimentos e suspeições que surgirem no âmbito do processo penal (artigo 258), bem como outras de natureza funcional (artigo 128 parágrafo 5.º, inciso II, letra *a, b, c* e *d*, da Constituição).

---

[61] Trata-se de parte *sui generis*, pois pode, inclusive, postular a absolvição do réu.

As garantias conferidas ao Ministério Público, tal qual ocorre com o Juiz, objetivam deixar seus membros a salvo de pressões políticas de qualquer ordem, permitindo uma atuação orientada apenas pela letra da lei. Tais garantias estão previstas no artigo 128, § 5.º, inciso I, letras a, b e c da Constituição.

Já se examinou anteriormente sua atuação na fase do inquérito e a polêmica a respeito do tema. Não tem poderes de sujeição do indiciado ou do réu, devendo requerer ao Juiz as providências e medidas de constrição que forem aplicáveis.

Embora o artigo 156 do Código imponha o ônus da prova a quem a alega, a doutrina mais recente, com apoio no princípio constitucional da presunção de inocência, sustenta que o Ministério Público tem o ônus de provar os fatos articulados na denúncia bem como todos elementos do crime[62]. O acusado pode até mesmo quedar-se inerte, que isto não militará em seu desfavor, vez que o ônus *probandi* não é seu. Esclareça-se que o dispositivo referido teve a redação alterada pela Lei n.º 11.690/ /2008, mas manteve a distribuição do ônus da prova entre acusação e defesa, nos mesmos moldes do dispositivo reformado.

O terceiro sujeito processual é o acusado ou réu. O acusado tem o direito de exercer o silêncio (artigo 5.º, LXIII, da Constituição), que não pode ser interpretado em seu desfavor. A confissão não vale por si só, devendo ser confirmada por outros elementos de prova (art. 197). Recente alteração legislativa no artigo 185 do Código permitiu que tanto o MP, como o defensor do réu, façam reperguntas durante o seu interrogatório, o que tem gerado alguma polêmica quanto à constitucionalidade, mas somente no âmbito acadêmico[63].

Goza de uma pluralidade de garantias constitucionais já referidas anteriormente (devido processo legal, contraditório e ampla defesa, presunção de inocência, inviolabilidade de domicílio, da privacidade e das comunicações em geral). Além dessas, outras estão previstas em tratados internacionais em que o Brasil for parte, ressaltando-se a Convenção Americana sobre Direitos do Homem, ratificada pelo Brasil e promulgada pelo Decreto n.º 678, de 6/11/1992, que prevê expressamente que o

---

[62] BADARÓ, Gustavo H. R. I. – *O Ônus da Prova no Processo Penal*, Ed. Revista dos Tribunais.

[63] PEDROSA, Ronaldo Leite – O Interrogatório Criminal como Instrumento de Acesso à Justiça Penal, Ed. Lúmen Júris, 2005.

acusado não pode ser coagido a exercer prova contra si mesmo (artigo 8.º, g), suprindo lacuna do direito interno. Tem-se discutido muito sobre a extensão de um tal direito, tendo já a jurisprudência se pronunciado no sentido de que o acusado não pode ser coagido a fornecer sangue, padrões grafotécnicos, ou ser submetido a exame de exalação do ar para efeito de dosagem alcoólica[64].

Por outro lado, ninguém poderá ser processado sem que tenha um defensor (artigo 261), constituído por ele, ou nomeado pelo Juiz, mesmo que seja revel, sob pena de nulidade (artigo 564, III, letra c). A revelia do réu importa a suspensão do processo até que seja encontrado e citado (artigo 366).

Por fim, a vítima ou, na sua falta, o cônjuge, ascendente, descendente e irmão pode requerer a sua constituição como assistente do Ministério Público. O assistente figura entre as partes acessórias, secundárias. A doutrina majoritária entende que o assistente não ingressa no processo para auxiliar a acusação, mas para defender, precipuamente, seu interesse na reparação do dano em futura ação cível.[65] Sendo admitido, o assistente poderá propor meio de provas, que serão submetidos ao MP e ao Juiz.

No que toca ao procedimento probatório, há que se mencionar a proibição absoluta de utilização de prova obtida por meios ilícitos (artigo 5.º, LVI, da Constituição e artigo 157 do Código de Processo Penal, com redação da Lei n.º 11.690/2008), o que levou o STF a considerar inadequado qualquer possibilidade de utilização da teoria da ponderação de bens[66].

---

[64] Quanto a este último exame, a Lei n.º 11.705/2008, ao alterar o artigo 165 do Código Brasileiro de Trânsito, sancionou a recusa a submeter-se ao exame com multa, suspensão da habilitação por 12 meses e retenção do veículo.

[65] No sistema brasileiro, a ação criminal e a cível são proposta independentemente, podendo, em alguns casos, a sentença penal fazer coisa julgada no cível.

[66] STF, HC 80.949-RJ, 1ª Turma, DJ 14/12/2001, Min. Sepúlveda Pertence "...2. Da explícita proscrição da prova ilícita sem distinções quanto ao crime objeto do processo (CF, art. 5o, LVI), resulta a prevalência da garantia nela estabelecida sobre o interesse na busca, a qualquer custo, da verdade real no processo: conseqüente impertinência de apelar-se ao princípio da proporcionalidade – à luz das teorias estrangeiras inadequadas à ordem constitucional brasileira – para sobrepor, à vedação constitucional da admissão da prova ilícita, considerações sobre a gravidade da infração penal objeto da investigação ou da imputação".

Sobre a denominada prova ilícita por derivação (*fruits of the poisonous tree*), o STF tem decidido pela invalidação das provas derivadas, ainda que por pequena maioria de votos[67], embora com duas atenuações: quando provierem de uma fonte independente ou quando não houver nexo de causalidade, que acabaram introduzidas nos parágrafos 1.º e 2.º, do artigo 157 (com redação da Lei n.º 11.690/2008).

A interceptação telefônica só pode ser realizada mediante autorização do Juiz e em infrações constantes do rol previsto pela Lei n.º 9.296/96. Se, no curso de interceptação telefônica devidamente autorizada, for encontrada prova não relacionada diretamente à infração investigada, e que justificou a interceptação, – o que a doutrina denomina de prova encontrada – ainda assim a prova pode ser utilizada, desde que a infração também conste do rol enumerado pela Lei n.º 9.296/96, segundo a doutrina e a jurisprudência majoritárias.

Quanto ao regime da prisão e da liberdade, embora nem a Constituição, nem o Código tenham se referido expressamente ao princípio da subsidiariedade da medida, ele pode ser extraído dos demais princípios democráticos da Constituição de 1988.

Quanto às modalidades de prisão, a codificação processual penal atual prevê, malgrado algumas críticas veementes, as seguintes modalidades de prisão provisória:
- Prisão preventiva (artigos 311 a 316 do CPP);
- Prisão em flagrante (artigos 301 a 310 do CPP);
- Prisão em decorrência de pronúncia[68] (artigos 282 e 413, § 3.º, do CPP, este, com redação da Lei n.º 11.689/2008);

---

[67] STF, RHC 90.376–RJ, 2ª Turma, DJU 18/05/2007: *"Revelam-se inadmissíveis, desse modo, em decorrência da ilicitude por derivação, os elementos probatórios a que os órgãos da persecução penal somente tiveram acesso em razão da prova originariamente ilícita, obtida como resultado da transgressão, por agentes estatais, de direitos e garantias constitucionais e legais, cuja eficácia condicionante, no plano do ordenamento positivo brasileiro, traduz significativa limitação de ordem jurídica ao poder do Estado em face dos cidadãos. – Se, no entanto, o órgão da persecução penal demonstrar que obteve, legitimamente, novos elementos de informação a partir de uma fonte autônoma de prova – que não guarde qualquer relação de dependência nem decorra da prova originariamente ilícita, com esta não mantendo vinculação causal –, tais dados probatórios revelar-se-ão plenamente admissíveis, porque não contaminados pela mácula da ilicitude originária".*

[68] A sentença de pronúncia ocorre somente nos procedimentos dos crimes dolosos contra a vida, de competência do Tribunal do Júri, em que o Juiz decide submeter o réu

- Prisão em decorrência de sentença penal condenatória recorrível (artigo 393, I, e 387, parágrafo único, do CPP, este com redação da Lei n.º 11.719/2008);
- Prisão temporária (Lei n.º 7.960/89).

Há um grande esforço da doutrina mais recente, pós-Constituição de 1988, para demonstrar que as prisões em decorrência da pronúncia e da sentença penal condenatória são reconduzíveis à espécie prisão preventiva e, portanto, reclamam todos os seus requisitos.

Em regra, a prisão somente pode ser decretada por ordem da autoridade judiciária competente[69], exceto nos casos de flagrante delito, transgressões disciplinares ou crime propriamente militar. Pode ser efetuada a qualquer dia e hora, respeitadas somente as restrições de índole constitucional previstas no artigo 5.º, XI[70].

A prisão em flagrante pode ser realizada por qualquer pessoa do povo, portanto independe de ordem judicial prévia, mas deve ser imediatamente jurisdicizada, para ser considerada legítima. Nos crimes de trânsito, a prestação de socorro por parte do infrator impede a prisão em flagrante, nos termos do Código Nacional de Trânsito (Lei n.º 9.503/97). Também nas infrações de menor potencial ofensivo, não cabe a prisão em flagrante, substituída por um termo de comparecimento ao Juizado Criminal (artigo 69 da Lei n.º 9.099/90).

Por fim, cumpre esclarecer que a legislação não menciona prazo para a lavratura do auto de prisão em flagrante, mas estabelece um prazo de 24 horas para que seja dada nota de culpa ao preso. Não respeitado o prazo limite a prisão tornar-se-á ilegal e passível de imediato relaxamento pela autoridade judiciária competente.

---

a julgamento, havendo prova da materialidade e indícios de autoria. O Tribunal do Júri é composto por um Juiz de Direito e sete jurados e tem competência para julgar os crimes dolosos contra a vida.

[69] O artigo 5.º, LXI, da Constituição estabelece: "Ninguém será preso senão em flagrante delito ou por ordem escrita e fundamentada de *autoridade judiciária competente*, salvo nos casos de transgressão militar ou crime propriamente militar, definidos em lei". O artigo 282 do Código assim disciplina: "A exceção do flagrante delito, a prisão não poderá efetuar-se senão em virtude de pronúncia ou nos casos determinados em lei, e mediante ordem escrita da *autoridade competente*".

[70] "A casa é asilo inviolável do indivíduo, ninguém nela podendo penetrar sem consentimento do morador, salvo em caso de flagrante delito ou desastre, ou para prestar socorro, ou durante o dia, por determinação judicial".

A prisão preventiva tem, em princípio, natureza cautelar (artigo 312), exigindo a prova da materialidade da infração e os indícios suficientes de autoria.[71] Outros requisitos são: a necessidade de garantia da ordem pública; ou de garantia da ordem econômica; ou a conveniência da instrução criminal ou que a prisão seja para assegurar a aplicação da lei penal. Dos requisitos delineados, os dois primeiros têm sofrido acirradas críticas de boa parte dos doutrinadores por revelar a natureza de medida de segurança e, não, a cautelar[72]. Todavia, outra parte da doutrina tem aceitado e superado a crítica, tornando viável a decretação da prisão preventiva com tais fundamentos. Para outros, enquanto a ordem pública se presta a fundamentar a constitucionalidade da decretação da medida, a proteção à ordem econômica não serve para justificar a restrição da liberdade, sendo inconstitucional[73]. A jurisprudência não é pacífica.

Cabe ainda observar que a prisão preventiva só tem cabimento em casos de delitos punidos com pena de reclusão[74]. É o Código Penal que aponta as infrações punidas com reclusão, detenção ou prisão simples.

A prisão em decorrência de pronúncia somente ocorre nos crimes dolosos contra a vida, de competência do Tribunal do Júri. Conforme posição de parte da doutrina e da jurisprudência, já mencionadas, guarda os mesmos pressupostos e requisitos da prisão preventiva[75].

---

[71] Tais requisitos são os mesmos necessários ao recebimento da peça acusatória. Por conseguinte, tem entendido a doutrina e a jurisprudência que a prisão preventiva só é cabível quando oferecida a denúncia ou a queixa-crime.

[72] BATISTA, Weber Martins, in Liberdade Provisória, Rio, Forense, 1981, p.77; LOPES JÚNIOR, Aury – Introdução Crítica ao Processo Penal, Ed. Lúmen Júris, 2004; GRINOVER, Ada Pellegrini, FERNANDES Antonio Scarance e GOMES FILHO, Antonio Magalhães – As Nulidades no Processo Penal, 8ª edição, ed. Rev. dos Tribunais, 2004.

[73] CARVALHO, Luis Gustavo Grandinetti Castanho de – Processo Penal e Constituição, 4ª edição, 2006, Ed. Lumen Juris.

[74] Código Penal, artigo 33 – A pena de reclusão deve ser cumprida em regime fechado, semi-aberto ou aberto. A de detenção, em regime semi-aberto, ou aberto, salvo necessidade de transferência a regime fechado.

[75] *"Evidentemente, a prisão, decorrente de sentença condenatória recorrida e de pronúncia, não guardam as características fundamentais da prisão de natureza cautelar, encerradas no fumus boni iuris e no periculum in mora...Assim, só pode existir prisão, além das hipóteses de flagrante expressamente admitidas pela Constituição, naqueles casos em que o Juiz, para decretá-la, tenha de buscar fundamento no fumus boni iuris e no periculum in mora, residente no art. 312 do Código: a prisão preventiva e a prisão temporária. Afora esses casos, a Constituição não admite prisão"* (CARVALHO, Luis Gustavo Grandinetti Castanho de – Processo Penal e Constituição, p. 157/158, 4ª ed., Ed. Lúmen Júris).

A prisão em decorrência de sentença penal condenatória recorrível, prevista nos artigos 393, I, e na antiga redação do artigo 594 do Código[76], era alvo de intensa discussão doutrinária e jurisprudencial. A questão consistia em saber se a sentença condenatória é título autônomo para a prisão ou se não o é, carecendo, a decisão que a decreta, de demonstrar os mesmos pressupostos e requisitos da prisão preventiva. O Superior Tribunal de Justiça consolidou entendimento de que a modalidade de prisão ora comentada não ofende o princípio da presunção de inocência[77]. A reforma processual, ao revogar referido artigo 594 e dar nova redação ao artigo 387, parágrafo único, do CPP (com redação da Lei n.º 11.719/ /2008), exigiu fundamentação para a decretação da prisão, eliminando o automatismo da só condenação gerar título para a prisão, e inovou desvinculando o recolhimento do réu à prisão para a admissibilidade de seu recurso,

Por fim, a legislação processual brasileira incorporou a denominada prisão temporária com a entrada em vigor da Lei n.º 7.960/89. Ela se presta a facilitar a investigação de crimes taxativamente previstos, portanto é anterior e preparatória para o oferecimento da denúncia. Seus requisitos são menos rigorosos do que da prisão preventiva[78].

Quanto ao prazo de permanência de alguém na prisão, a jurisprudência brasileira, suprindo lacuna do direito positivo, estabeleceu o prazo máximo de 81 dias[79]. Nesse cômputo não se inclui o prazo da prisão temporária, que é de 5 dias, mas pode chegar a 60 dias para as infrações consideradas hediondas, taxativamente previstas em lei (Lei n.º 8.072/90).

---

[76] *"O réu não poderá apelar sem recolher-se à prisão, ou prestar fiança salvo se for primário e de bons antecedentes, assim reconhecido na sentença condenatória, ou condenado por crime de que se livre solto".*

[77] A súmula 9 do STJ dispõe: *"A exigência da prisão provisória para apelar, não ofende a garantia constitucional da presunção de inocência".*

[78] Preceitua o artigo 1.º da Lei 7.960/89 ser cabível a prisão temporária quando: I – imprescindível para as investigações do Inquérito Policial; II – o indiciado não tiver residência fixa ou não fornecer elementos necessários ao esclarecimento d sua identidade e III – houver fundadas razões, de acordo com qualquer prova admitida na legislação penal, de autoria ou participação nos seguintes crimes.

[79] Assim distribuídos: inquérito (dez dias – art. 10); denúncia (cinco dias – art. 46); defesa prévia (três dias – art. 395); inquirição de testemunhas (vinte dias – art. 401); requerimento de diligências (dois dias – art.499); prazo para despacho do requerimento (dez dias – art. 499); alegações finais das partes (seis dias – art. 500); diligências *ex officio* (cinco dias – art. 502) e sentença (vinte dias – art. 800 n.º 1 e § 3.º).

Há outras previsões relacionadas ao tempo de prisão e ao prazo em que a instrução criminal deve estar concluída, sob pena de relaxamento da prisão.

O princípio constitucional da publicidade dos atos processuais assegura que a regra é a publicidade e a exceção é o segredo ou sigilo processual, que somente pode ser imposto nas hipóteses amparadas na exceção constitucional prevista no artigo 5.º, LX, da Constituição: defesa da intimidade e interesse social. Contudo, a Emenda Constitucional n.º 45/2005, ao alterar um outro dispositivo constitucional[80], apontou para a prevalência do direito público à informação em detrimento da intimidade do interessado.

Quanto aos procedimentos, há que se dizer que há uma imensa variedade de ritos processuais, com muitas leis extravagantes para crimes específicos, o que invalida qualquer sistematização. A reforma processual procurou ordenar um pouco melhor o procedimento comum, dividindo--o em ordinário, sumário e sumaríssimo, mas manteve a infinidade dos procedimentos especiais (artigo 394 do Código, com redação da Lei n.º 11.719/2008). O procedimento ordinário é destinado aos crimes cuja pena seja igual ou superior a 4 anos. O sumário é para crimes com pena inferior a este patamar. O sumaríssimo é o para infrações penais de menor potencial ofensivo, ou seja, com pena igual ou inferior a 2 anos, regulados pela Lei n.º 9.099/95. Há uma variação do procedimento comum para os crimes dolosos contra a vida, de competência do Tribunal do Júri, também já referido.

Digno de registro é o fato de a Constituição, no artigo 98, II, criar um novo órgão jurisdicional e estabelecer um novo modelo procedimental, que introduziu no processo penal brasileiro a experiência da justiça penal consensual: os Juizados Especiais Criminais, com competência para infrações de menor potencial ofensivo, definidas pela pena máxima não superior a 2 anos (Lei n.º 9.099/95), em que são possíveis a transação penal e a suspensão condicional do processo.

---

[80] Constituição, artigo 93, IX.

VI. Semelhanças e Diferenças

Depois de estabelecidos os contornos básicos dos dois sistemas jurídicos, cumpre estabelecer as semelhanças e as diferenças, de modo a permitir que sobre elas se construam reflexões conclusivas a respeito do tema eleito.

As duas Constituições são marcadas pelo resgate do regime democrático, diante dos traumas institucionais causados pelos períodos ditatoriais que as antecederam. Embora com perfis peculirares, as ditaduras – a de Portugal, caracterizada basicamente pelo nacionalismo, moralismo religioso exacerbado e defesa do colonialismo, e a do Brasil marcada pelo combate à pseudo subversão comunista, pelo militarismo e comprometida com o capitalismo – que se instalaram nos dois países tinham no autoritarismo e no conseqüente reducionismo dos direitos individuais as suas marcas mais expressivas.

Assim, perfeitamente explicáveis as respectivas preocupações com a enumeração exaustiva de garantias processuais e com a busca de efetividade dos direitos fundamentais. Nesse aspecto, as duas cartas se aproximam bastante.

Uma diferença significativa, mas que não repercute no plano prático, corresponde aos dois regimes dos direitos fundamentais, expressamente consignados pela Constituição portuguesa, prevendo-se, unicamente para os direitos, liberdades e garantias, a cláusula de reserva constitucional expressa para a restrição destes direitos, não o fazendo para os direitos sociais e econômicos, diferentemente da brasileira, que não faz qualquer distinção entre direitos, liberdades e garantias e os demais direitos (especialmente sociais).

Na verdade, a doutrina portuguesa já elucidou que não se tratam, propriamente, de dois regimes, mas de um regime único, para todos os direitos fundamentais e que a distinção importa em reconhecer a denominada reserva do possível para os direitos sociais e econômicos, regra que não se aplica aos demais direitos.

Como se constatou anteriormente, a Carta brasileira não estabeleceu qualquer distinção, mas a jurisprudência, especialmente do STF, vem construindo os limites para o que se tem denominado de reserva do possível, somente aplicável ao campo dos direitos econômicos e sociais.

Quanto ao sistema econômico, a Carta portuguesa, expressamente, sinaliza para uma transição rumo ao socialismo, enquanto que a brasileira mantém-se arraigada no liberalismo econômico. Contudo, uma aproximação acabou sendo realizada: a integração de Portugal à Comunidade Européia impôs um relativo temperamento, de modo a harmonizar um Estado socialmente comprometido com a liberdade econômica estrutural de um regime capitalista, o que acabou sendo feito por uma revisão à Constituição. Enquanto isso, no plano brasileiro, o regime capitalista teve de ceder a uma longa lista de prestações sociais a que o Estado, pela Constituição, se comprometeu a cumprir. Ambas, portanto, admitem a intervenção econômica do Estado como forma de implementar a igualização econômica das respectivas sociedades.

No aspecto institucional, a diferença mais marcante é aquela referente à forma de governo: república parlamentarista, em Portugal, e república presidencialista, no Brasil.

Quanto aos poderes da República, as distinções decorrem do regime parlamentarista, em Portugal: o Governo é efetivamente exercido pelo Primeiro Ministro, enquanto que, no Brasil, é o Presidente da República que exerce a chefia do Executivo.

Quanto ao Judiciário, a distinção fundamental diz respeito à previsão, em Portugal, de um tribunal com competência exclusiva para exercer o controle concentrado de constitucionalidade, enquanto que, no Brasil, como vimos, o controle concentrado é exercido pelo STF – cuja competência supera o mero controle da constitucionalidade – e o difuso é feito por todos os juízes em qualquer grau de jurisdição.

Nos dois sistemas o Ministério Público não é órgão de soberania, ou um poder autônomo.

A Carta brasileira se ocupa expressamente da Defensoria Pública, no silêncio da Carta portuguesa.

No que mais interessa à presente pesquisa – quanto às garantias constitucionais – as duas Cartas têm muitas semelhanças, buscando proteger ao máximo os direitos individuais. Releva notar que a portuguesa alçou o princípio acusatório a enunciado constitucional, expressamente, enquanto que a brasileira não fez o mesmo, embora se possa inferir, de seus princípios, a eleição do sistema acusatório.

Estabelecidas as diferenças e as semelhanças estruturais dos dois sistemas constitucionais, nos limites traçados por esse trabalho, passemos a fazer o mesmo com o Direito Processual Penal dos dois países.

Logo no início dessa empreitada, depara-se com uma distinção fundamental. O Código de Processo Penal português é produto de uma revolução democrática – a Revolução dos Cravos – que veio, justamente, pôr fim ao arbítrio político institucionalizado pela ditadura de Salazar. Ao contrário, o Código brasileiro é produto de uma ditadura – a de Getúlio Vargas – comprometida com a supremacia do Estado sobre o indivíduo, característica dos regimes fascistas, nazistas e nacionalistas que começavam a imperar na Europa. O choque, portanto, entre os dois Códigos, não poderia deixar de ser frontal.

No entanto, a Constituição brasileira – esta, sim, produto de um movimento popular democratizante – tem servido de contenção a algumas disposições do Código e invocada para coartar a validade de vários de seus dispositivos.

Quanto aos procedimentos, são muito diferentes entre si. Ademais, a grande variação de procedimentos especiais, sobretudo no Brasil, impede uma comparação mais detalhada. Mas, digno de nota, é a existência da fase de instrução no direito português, no procedimento comum, destacada da investigação criminal e do julgamento. Pelo Código português, a instrução, como já dito anteriormente, destina-se à comprovação judicial da decisão do Ministério Público de deduzir acusação ou de arquivar, e culmina com a decisão instrutória. No Brasil, só há algo similar no procedimento dos crimes dolosos contra a vida, de competência do Tribunal do Júri.

No que tocam aos sujeitos processuais, há algumas distinções de monta. A função do Ministério Público, no direito português, é a que mais se distancia do modelo brasileiro. Não é considerado parte, mas uma autoridade judiciária, colaborador do juiz, dirigente da investigação criminal. Para tanto, pode, inclusive, praticar atos de constrição, como a detenção de pessoas para serem levadas a sua presença, bem como determinar as buscas de pessoas e coisas. Em casos excepcionais, também pode determinar a busca domiciliar, que depende de autorização do Juiz na maioria dos casos. Pode, também, proibir o direito de entrevista do preso com outras pessoas, que não o advogado, em caso de criminalidade violenta e terrorismo. Quanto à ação penal, embora vigente o princípio da obrigatoriedade, tem o Ministério Público relativos poderes de disposição, pois pode deixar de acusar nas infrações menos graves, com culpa diminuta, ou se o dano tiver sido reparado, bem como se inexistirem razões de prevenção que desaconselhem a dispensa da pena. Do mesmo modo, para propor a ação penal, é indispensável demonstrar indícios suficientes que revelem uma possibilidade razoável de aplicação de pena.

No Brasil, ao contrário, o Ministério Público é considerado pela doutrina majoritária como parte, embora *suis generis*, não se reconhecendo qualquer resquício de função jurisdicional própria das autoridades judiciárias. Também não exerce a investigação criminal, embora, após a Constituição, passou a exercer o controle externo da atividade policial, ou seja, tão somente dos atos de investigação praticados. Não pode determinar qualquer medida constritiva de direitos. Quanto à ação penal, é submetido ao princípio da legalidade, ou obrigatoriedade, não lhe restando qualquer poder discricionário, a que título seja, para deixar de promover a ação penal.

Não diferem muito os perfis processuais dos Magistrados nos dois sistemas. Exercem uma parcela do poder político – são órgãos de soberania –, suas decisões devem ser fundamentadas e, em regra, os atos por eles praticados devem ser públicos. A maior parte das medidas de restrição a direitos fundamentais só podem ser deferidas pelo Juiz, como a prisão, a interceptação telefônica e a busca domiciliar, esta, em regra.

No direito português, contudo, a fase instrutória e a fase de julgamento não são presididas pelo mesmo Juiz. Na primeira atua o Juiz de Instrução, que leva o processo até a decisão instrutória, quando assume o Juiz competente para o julgamento. Cabe ao primeiro deferir ou indeferir as medidas de constrição e as de aquisição de provas, quando não puderem ser feitas pelo Ministério Público ou pela Polícia, de ofício, bem como a colheita da prova durante a instrução, contraditória. Nas duas etapas, o Juiz tem iniciativa probatória para atingir a verdade real.

Importante assinalar que, no sistema português, é defeso ao Juiz de Instrução presidir a fase de julgamento, bem como, nesta fase, vigora o princípio da identidade física do Juiz, já que o princípio da imediaticidade obriga que a prova seja produzida em sua presença.

No Brasil, como referido, o Juiz não atua na fase da investigação pré-processual, a não ser excepcionalmente para deferir alguma medida constritiva dependente de autorização judicial ou para impedir qualquer ato ilegal contra o indiciado, mas, sempre, dependendo de requerimento do interessado. Durante a instrução processual, pode desempenhar atividade probatória supletiva, podendo determinar a oitiva de pessoas e a produção de determinadas provas, com base no princípio da verdade real, embora a doutrina mais recente negue fortemente tais poderes e mesmo a manutenção da expressão verdade real.

No que respeita à correlação entre acusação e sentença, há algumas diferenças a serem assinaladas. O Código brasileiro permite livremente tanto a *emendatio* como a *mutatio libelli*, devendo-se, apenas, proceder a certos formalismos quanto a esta última. Já o Código português distingue o tratamento, apenas da *mutatio libelli*, entre a fase da instrução e a fase de julgamento. Na fase de instrução, a alteração substancial dos fatos é nula, mas a nulidade é sanável se não argüida a tempo. Na fase de julgamento, não pode haver alteração substancial dos fatos, exceto se houver aquiescência de todos os sujeitos processuais.

O tratamento do terceiro sujeito processual – argüido ou réu – também não difere muito nos dois Países, especialmente pelo viés democrático de suas Constituições. No direito português, contudo, há um momento específico em que o argüido assume, efetivamente, a condição de acusado e, portanto, pode desfrutar das garantias correspondentes. Além das garantias tradicionais previstas na Constituição, destacam-se o direito de ser ouvido sempre que uma decisão possa vir a lhe afetar e de ser interrogado tantas vezes vier a ser preso no mesmo processo. Por outro lado, a condição de argüido o sujeita a deveres, como prestar termos de identidade e de residência – não podendo valer-se do direito ao silêncio – e algumas medidas de garantia patrimonial, quando necessária. Como se viu, tais direitos e restrições não são previstos na legislação brasileira.

O papel do assistente é mais elástico no direito português do que no direito brasileiro. Não só o ofendido pode credenciar-se à assistência, mas qualquer pessoa em alguns crimes que mais afetem a sociedade (contra a paz e a humanidade, por exemplo), hipótese que inexiste no direito brasileiro.

Outra peculiaridade do direito português em relação ao brasileiro é a constituição do ofendido como parte civil, nos autos do processo criminal, visando à indenização civil, desde que o seu ingresso não cause transtorno a sua marcha regular. Excepcionalmente, também o Ministério Público tem legitimidade para postular indenização (no caso de incapazes ou em defesa do Estado). Tais possibilidades inexistem no sistema brasileiro, mas a reforma processual determinou que o Juiz, ao proferir sentença condenatória, fixe valor mínimo para reparar o dano causado pelo delito (artigo 387, IV, do Código, com redação da Lei n.º 11.719/ 2008), que será executado no juízo cível.

Quanto à proibição de provas, o Código português é exaustivo no sentido de prescrever violações insanáveis (quando houver ofensa à integridade física ou moral das pessoas) e outras em que o consentimento do investigado as pode sanar (qualquer intromissão à vida privada, ao domicílio, à correspondência e ao sigilo das telecomunicações). No Brasil, o Código, bem mais antigo, é pobre em regras a respeito, sendo certo que a proteção de situações de vantagem de investigados repousa, sobretudo, na Constituição, que proíbe, de modo peremptório, a produção de prova ilícita no processo, não admitindo qualquer tipo de ponderação. Somente com a reforma de 2008, o Código passou a contar com dispositivo que proíbe a produção de prova ilícita (artigo 157)

Quanto à prisão processual, o Código português é regido, expressamente, pelos princípios da subsidiariedade e da necessidade. Nesse aspecto, somente depois da Constituição brasileira é que a doutrina e a jurisprudência passaram a exigir os dois princípios. As modalidades de prisão no direito português são a preventiva, a detenção e o flagrante, enquanto que, no direito brasileiro, são a preventiva, a temporária e o flagrante. Tanto a detenção do regime português, como a temporária do brasileiro, são breves e devem ser comutadas em preventiva, se houver necessidade. No Brasil, só o Juiz pode decretá-la, enquanto que, em Portugal, a Polícia e o Ministério Público também podem. Registre-se que a doutrina brasileira tem discutido intensamente a constitucionalidade do que seriam outras modalidades de prisão: a prisão em decorrência de sentença condenatória e a prisão decorrente da sentença de pronúncia no procedimento dos crimes dolosos contra a vida, ambas consideradas por parte da doutrina como espécies da prisão preventiva e dependendo dos mesmos fundamentos desta, o que acabou consagrado pela reforma de 2008, como acima explicitado.

Na esteira daqueles tais princípios, o Código português prevê uma série de medidas constritivas que podem substituir a prisão preventiva, como a caução, a obrigação de apresentação periódica, a suspensão de exercício de determinadas atividades, proibição de permanência, de ausência e de contatos, e obrigação de permanência na habitação, todas desconhecidas do direito brasileiro.

Também quanto aos prazos, os dois sistemas são diferentes. A prisão preventiva de Portugal submete-se a prazos que variam de 6 meses a 2 anos, que podem, entretanto, ser prorrogados excepcionalmente até 3 anos e 4 meses, em crimes taxativamente referidos e quando incidirem duas outras condições: complexidade do processo e quando pender algum recurso no Tribunal Constitucional (artigo 215). O decreto de prisão preventiva deve ser reavaliado de três em três meses (artigo 213). O sistema brasileiro não prevê prazo máximo para a prisão, sendo certo que a jurisprudência o fixou em 81 dias, que tem sido muito extrapolado em inúmeros casos concretos.

Ainda quanto aos prazos, o sistema português prevê o prazo máximo de 6 meses, se o argüido estiver preso, e 8 meses, se solto, prorrogáveis em casos de grande complexidade, para o encerramento do inquérito. O Código brasileiro prevê o prazo de 10 dias para encerramento do inquérito quando o indiciado estiver preso e de 30 dias quando solto. Contudo, não prevê qualquer conseqüência para a extrapolação do prazo de 30 dias quando o indiciado responde solto, não sendo, referido prazo, cumprido na prática. Ao contrário, o tempo de duração dos inquéritos são absurdamente elásticos, chegando, não raro, a 4 ou 5 anos.

Quanto ao inquérito, o sistema português possibilita que o ofendido se oponha ao arquivamento, requerendo a abertura da instrução, além de poder requerer administrativamente a revisão da decisão de arquivamento. Ao contrário, o Código brasileiro não prevê qualquer conduta do ofendido, mas impõe ao Juiz o controle do arquivamento, devendo remeter os autos ao chefe do Ministério Público quando dele discordar.

No que tange à instrução criminal, o Código português adota, expressamente, o princípio da imediação, que impõe que toda a prova seja produzida oralmente na audiência, proibindo a utilização de prova pré-constituída, exceto as provas irrepetíveis. O princípio, contudo, não é absoluto, prevendo a lei alguns casos em que os documentos da investigação pré-processual possam ser lidos na audiência. No Brasil, somente após a Constituição, que agasalhou o princípio do contraditório, é que a doutrina e a jurisprudência começaram a rejeitar a utilização da prova obtida no inquérito policial, com exceção das provas irrepetíveis, tendência consagrada pela reforma de 2008. Entretanto, o princípio da imediação não está expresso e o processo penal brasileiro, até a reforma de 2008, tendia a ser escrito e, não, oral, como pretende o português, valendo-se, muitas vezes, as partes, de provas obtidas em outro momento que não na audiência de julgamento. A referida reforma, ao modelar o procedimento comum, pretendeu torná-lo mais concentrado e célere, prevendo que a prova seja produzida em audiência e que esteja encerrado em 90 (ordinário) ou 60 dias (sumário). Apenas o procedimento das infrações de menor potencial ofensivo já previa o princípio da oralidade expressamente. Como já assinalado, o sistema português consagra o princípio da identidade física do Juiz, enquanto que o brasileiro só o acolheu depois da reforma de 2008 (artigo 399, § 2.º, do Código, com redação da Lei n.º 11.719/2008).

Outro ponto digno de comparação é quanto ao valor da confissão. Enquanto que, em Portugal, a confissão do argüido dispensa a produção de qualquer prova e serve de base para a condenação, desde que a pena do crime não seja superior a 5 anos, no Brasil, a confissão, isoladamente, não pode servir de fundamento para a condenação.

No regime recursal português, se o procurador, na 2ª instância, não se limitar a apor o seu visto no recurso do MP, mas, arrazoar também, a parte contrária tem direito a manifestar-se sobre o que foi acrescido pelo MP (artigo 417.2). No Brasil, ao contrário, mesmo tratando-se de recurso da acusação, do que arrazoa o MP no segundo grau a defesa não tem qualquer vista, ao argumento de que o MP funciona como fiscal da lei e, não, como parte (artigos 610 e 613).

Por fim, um último aspecto merece ser destacado. O Código português prevê o incidente de aceleração processual, para assegurar o princípio da celeridade, quando forem excedidos os prazos para cada fase do processo. No Brasil, inexiste um instrumento similar e apenas com a Emenda Constitucional n.º 45, de 2004, é que o princípio da celeridade foi positivado, carecendo, ainda, de efetiva implementação.

VII. Conclusão

Bem compreendidos o funcionamento dos dois sistemas, é hora de estabelecermos as considerações finais.

O objetivo do trabalho consistiu em comparar os dois sistemas processuais à luz de duas variáveis: a adoção, ou não, do sistema acusatório e a participação dos sujeitos processuais.

Antes, porém, cumpre estabelecer outras conclusões prévias, para preparar as conclusões acerca das referidas variáveis.

Quanto à previsão das garantias, os dois sistemas se assemelham bastante. A Constituição e o Código de Processo portugueses, superam, inegavelmente, o rol de garantias existentes na Constituição e no Código de Processo brasileiros. Contudo, o sistema brasileiro socorre-se da adesão do País à Convenção Americana sobre Direitos Humanos – Pacto de São José da Costa Rica, de 1969[81], o que concorre para suprir algumas

---

[81] Promulgada, no Brasil, pelo Decreto n.º 678, de 6/11/1992.

deficiências de previsão. Assim, os direitos de não ser obrigado a depor contra si mesmo, nem o de declarar-se culpado, bem como o direito de o detido ser apresentado imediatamente ao Juiz estão previstos na Convenção e, não, em diplomas legais brasileiros. Portanto, nesse aspecto da previsibilidade, os dois Países ostentam um processo penal democrático, como lhes impõe as respectivas Constituições, produtos, como se disse antes, de movimentos democráticos cuja maturidade foi haurida de longas e sangrentas ditaduras.

Inegavelmente, os dois Países aprenderam a lição de que o Estado existe para os homens e, não, os homens para o Estado, e que a liberdade é tão importante para as sociedades como oxigênio o é para os homens.

Ainda no plano da previsão de direitos o direito português apresenta uma excelente novidade em relação ao brasileiro: o direito de o acusado ser ouvido sempre que uma decisão vier a lhe afetar, bem como o direito de ser interrogado sempre que sua prisão for decretada, no mesmo processo. Não há dúvida que tais previsões melhor aparelham o direito de defesa e podem convencer o Juiz da desnecessidade de medida constritiva antes mesmo de sua decretação. Contribuem, assim, para evitar decisões precipitadas, bem como inúmeros recursos para revertê-las, protegendo, ainda mais, os direitos individuais.

Outro ponto importante a consignar é que a Constituição portuguesa adota, expressamente, o sistema acusatório, embora temperando-o com uma fase de investigação oficial. No Brasil, não há, nem na Constituição, muito menos no antigo, mas ainda vigente, Código de Processo, qualquer referência específica. Contudo, uma interpretação sistemática da Constituição brasileira tem permitido revelar que o sistema acusatório é o único compatível com os princípios constitucionais adotados.

No plano da efetividade, porém, não se pode dizer que o sistema acusatório realmente vige, sem qualquer contestação, nem no direito português, nem no direito brasileiro.

No direito português, o sistema acusatório é frontalmente contestado pela posição adotada pelo Código quanto aos sujeitos processuais, especialmente pelo Ministério Público. Ora, a regra basilar do sistema acusatório consiste na tripartição das funções de acusar, defender e julgar em três sujeitos diferentes. O Código português fere de morte o modelo acusatório quando inclui o Ministério Público como autoridade judiciária. E, como se não bastasse, atribui ao *parquet* inúmeros poderes próprios destas e que desequilibram a necessária igualdade processual. Não sendo considerado parte na ação penal, o Ministério Público, como visto, pode decretar a detenção do argüido, que pode ser levado a sua presença inclusive para ser interrogado. Pode, também, praticar outras medidas constritivas como a busca pessoal e a apreensão de coisas, e, excepcionalmente, a busca domiciliar. Pode proibir que o argüido se entreviste com quer que seja, desde que não seja o advogado, em crimes graves como terrorismo.

Daí decorre a conclusão que o processo penal português não é um processo de partes, já que a única parte é o argüido. Não há possibilidade de um tal modelo conviver com o princípio acusatório, que prevê duas partes em igualdade de condições, ainda que com diferenças compreensíveis pela própria natureza delas, e um terceiro sujeito imparcial e eqüidistante.

Nesse particular, o Código brasileiro, ainda que antigo, é mais bem inspirado, pois só admite que o Ministério Público tenha atuação de parte, ainda que uma parte *suis generis*, como consagra a doutrina. Nenhum daqueles poderes acima enumerados podem ser praticados pelo Ministério Público brasileiro. E, com certeza, esse é o melhor modelo para preservar a igualdade das partes no processo penal e para efetivar as garantias constitucionais do réu.

A situação é agravada quando o Código português define a posição do Ministério Público como de colaborador do Juiz na descoberta da verdade real (artigo 53.1). Ora, a previsão legal de uma associação entre o Ministério Público e o Juiz para a descoberta da verdade fragiliza sobremaneira a posição da defesa.

A vinculação do Juiz à descoberta da verdade real também é problemática e, isso, tanto em Portugal como no Brasil. Ora, se ambas as Constituições presumem a inocência do réu e se o Ministério Público, auxiliado pela Polícia, é o órgão que recebeu a missão constitucional de destruir, quando for o caso, tal presunção, não há justificativa constitucional para que se atribua ao Juiz poder instrutório tão elástico e, mesmo, qualquer poder instrutório, como sustenta parte da doutrina brasileira. Sua posição eqüidistante e imparcial exige abstenção do julgador no que toca à introdução de fontes e meios de prova no processo.

Quanto à defesa técnica, a Constituição brasileira foi adiante da portuguesa ao prever um órgão estatal para promover a defesa de quem não disponha de recursos, a Defensoria Pública, o que se justifica plenamente pelo déficit educacional e econômico da esmagadora maioria dos réus. Em Portugal, a defesa dos carentes de recursos é feita por advogados indicados pela ordem respectiva.

Por outro lado, ainda que exista tal previsão, o exercício efetivo da defesa no Brasil não é tarefa das mais fáceis pela praxe inquisitiva ainda vigorante. Não raro carências materiais têm inviabilizado uma Defensoria Pública ativa. Conseqüentemente, aqueles direitos previstos na Convenção Americana de Direitos Humanos ficam comprometidos (direito de entrevista prévia com o defensor, prazo para a preparação da defesa e direito de ser apresentado imediatamente ao juiz).

Assim, quanto aos sujeitos processuais, verifica-se que os dois sistemas ainda estão contaminados pelo modelo inquisitivo, o que compromete a concretização do princípio democrático no processo penal e as boas intenções constitucionais dos dois Países.

Quanto à ação penal, constata-se que o Ministério Público português é dotado, acertadamente, de um certo relativismo quanto ao princípio da obrigatoriedade. Há hipóteses legalmente previstas para determinar-se o arquivamento, valendo lembrar a diminuta culpa do agente, a reparação do dano ou a insuficência de provas que possam levar a aplicação da pena. Nada disso é permitido ao Ministério Público brasileiro, vinculado que está, estritamente, ao princípio da obrigatoriedade da ação penal pública.

Também quanto ao exercício da ação penal, o direito português prevê a possibilidade de ação penal popular em determinados crimes que afetem mais gravemente a sociedade, o que demonstra maior possibilidade de participação da sociedade no exercício da ação penal e maior controle sobre o Ministério Público.

Aliás, na investigação criminal, no direito português, também há mais controle acerca da decisão do Ministério Público tanto de acusar, quanto de arquivar. No primeiro caso, o argüido pode se opor requerendo a abertura de instrução. No segundo caso, a vítima pode exercer igual direito.

No que diz respeito ao direito de liberdade, tanto em Portugal, como no Brasil (embora só após a reforma de 2008), a sentença condenatória recorrível não tem como conseqüência automática a prisão do réu, embora não se descarte a possibilidade de o Juiz, neste momento, decretar medidas cautelares que o caso requerer ou mesmo rever as medidas já decretadas (artigo 375.4 do Código português e 387, parágrafo único, do Código brasileiro).

Nesse mesmo tópico, forçoso reconhecer que os prazos para a prisão preventiva são mais longos no direito português. Mas, no direito brasileiro, a exigüidade proposta pela jurisprudência é tão grande que não têm sido de muita valia, já que os prazos são freqüentemente extrapolados, sem conseqüências. De qualquer modo, pelo menos em termos de direito positivo, o brasileiro é mais restritivo quanto aos prazos de prisão preventiva.

Quanto à celeridade do processo, um registro se impõe. Como já assinalado, os prazos brasileiros são tão exíguos que simplesmente não são respeitados. Para réus soltos, o inquérito policial deveria terminar em 30 dias. Não é isso o que ocorre e não há qualquer conseqüência para a extrapolação de tais prazos. O direito português prevê prazos mais factíveis: oito meses para a investigação e quatro meses para a instrução (artigo 375.4). O mesmo acontece para réus presos: no direito brasileiro, o inquérito tem de terminar em 10 dias e a instrução probatória em 90 ou 60 dias conforme o procedimento, enquanto que no direito português a investigação deve findar em seis meses e a instrução entre dois a três meses.

Por outro lado, a previsão de prazos elásticos para a prisão preventiva no direito português – de 6 meses a 2 anos, que podem, entretanto, ser prorrogados excepcionalmente até 3 anos e 4 meses – podem pôr em risco as garantias constitucionais. No Brasil, como dito, por construção jurisprudencial o prazo máximo de prisão preventiva é de 81 dias[82], embora muitas sejam as exceções dilatórias admitidas pela própria jurisprudência. Talvez uma aproximação entre os dois marcos temporais dos dois Países fosse o ideal de modo a permitir um procedimento mais apurado, mas sem prejuízo da presunção de inocência.

Quanto à marcha processual e ao princípio da celeridade, enquanto que no direito brasileiro não há qualquer conseqüência para a extrapolação de tais prazos, exceto a soltura do réu preso, se não houver justificativa para o excesso, o direito português apresenta um interessante instituto. Trata-se do incidente de aceleração processual. Contudo, a doutrina portuguesa critica sua reduzida utilidade porque apenas prevê a adoção de medidas administrativas para melhorar o serviço judiciário, sem resolver o problema específico do processo em que ocorreu o excesso de prazo.

---

[82] Tal prazo foi construído com base nas etapas procedimentais do antigo procedimento comum, agora superado pela reforma de 2008, que estabeleceu prazos de 90 ou 60 dias para a conclusão da instrução.

Quanto à autonomia de vontade, o Código português dá maior crédito à confissão do que o brasileiro, permitindo que se dispense a prova, desde que a pena não ultrapasse cinco anos. Já o brasileiro exige que se prove a acusação, mesmo em caso de confissão, protegendo melhor o direito de liberdade. Por outro lado, ambos os sistemas permitem também maior autonomia de vontade na pequena criminalidade. No Brasil, o Ministério Público pode transacionar com o réu uma pena diferente da privativa de liberdade, no procedimento dos Juizados Especiais[83]. Em Portugal, no procedimento sumaríssimo (artigos 392 a 398)[84], o Ministério Público pode propor pena diferente da privativa de liberdade e, não havendo oposição do réu, o Juiz pode aplicar a pena proposta.

Concluindo, em linhas gerais, pode-se dizer que:

1. Os dois sistemas carecem de maior maturação quanto à eficácia do sistema acusatório eleito pelos dois países, devendo, o direito português, cuidar para afastar o Ministério Público das funções próprias das autoridades judiciárias, enquanto que o direito brasileiro deve buscar concretizar as garantias previstas no Pacto de São José da Costa Rica, tudo para reequilibrar a relação processual, presidida pelo princípio da igualdade processual.

2. O sistema português, embora conceda mais poderes ao Ministério Público, possibilita maior controle por parte do argüido, da vítima, do assistente e da sociedade, assimilando os princípios democráticos previstos da Constituição, tanto no que se refere à oposição à decisão de acusar ou de não acusar, como na possibilidade de propositura da ação penal popular. Já o Ministério Público brasileiro, embora tenha menos poderes, também tem, sobre si, menos instrumentos de controle, porque não há previsão para uma oposição ao requerimento de arquivamento, por parte da vítima, bem como pela ausência de previsão de uma ação penal popular.

3. Nos dois países, a função jurisdicional ainda está impregnada por resquícios do sistema inquisitivo, que lhe atribui um perfil de colaboração com a atividade persecutória, em maior ou menor grau, e que precisa ser reavaliado à luz do princípio constitucional da presunção de inocência.

---

[83] Lei n.º 9.099/95.

[84] O procedimento sumaríssimo foi introduzido pela Lei n.º 43/86 e foi reformado pela Lei n.º 59/98.

REFERÊNCIAS BIBLIOGRÁFICAS

BADARÓ, Gustavo Henrique Righi Ivahy – Ônus da Prova no Processo Penal, Ed. Revista dos Tribunais, 2003.
BARREIROS, José Antônio. Processo Penal – 1. Coimbra: Almedina, 1981.
BATISTA, Weber Martins – Liberdade Provisória; 2ª edição; Rio de Janeiro, Forense, 1981.
CAMPOS, Romeu Pires Barros – Processo Penal Cautelar, Ed. Forense, 1982.
CANOTILHO, J.J.Gomes, Direito Constitucional e Teoria da Constituição, 7ª ed. Coimbra, Livraria Almeida.
_____, Estudos Sobre Direitos Fundamentais, Coimbra Editora, 2004.
_____, Moreira Vital, Portugal Constituições, Comentários a Constituição Portuguesa de 1976.
_____, Jónatas Machado, Nuno Cunha Rolo, Ciência Política e Direito Constitucional, in 1° ano de Direito Pós-laboral.
_____, Associação Cearense do Ministério Público – ACMP, disponível no site: www.acmp-ce.org.br/revista/ano3/n8/entrevista.php.
_____ VITAL MOREIRA, *Constituição da República Anotada, I*, 4.ª ed., 2007, Coimbra Editora,.
CARVALHO, Luis Gustavo Grandinetti Castanho de Carvalho – Processo Penal e Constituição, 4ª edição, Ed. Lúmen Júris, 2006.
CHOUKR, Fauzi Hassan – Garantias Constitucionais na Investigação Criminal, São Paulo, Editora Revista dos Tribunais, 1999.
CORREA, Marcos Linares – Desvendando a História, ano 2, n.° 8.
DIAS, Jorge de Figueiredo. Direito processual penal. Coimbra: Coimbra Editora, 2004.
_____Sobre os Sujeitos Processuais no novo Código de Processo Penal, *in:* AA. VV., *Jornadas de Direito Processual Penal. O Novo Código de Processo Penal*, Almedina, 1988.
_____ RODRIGUES, Anabela Miranda – Parecer sobre a legitimidade da S.P.A. em processo penal, *in:* AA. VV., *Direito de Autor: Gestão e Prática Judiciária. Temas de Direito de Autor, III*, 2.ª ed., SPA, 1989, p. 111 e ss.
DIAS, Augusto Silva – A tutela do ofendido e a posição do assistente no processo penal português, *in:* Maria Fernanda Palma (coord.), *Jornadas de Direito Processual Penal e Direitos Fundamentais*, Almedina, 2004, p. 55 e ss.
ESPÍNOLA FILHO, Eduardo – Código de Processo Penal Brasileiro Anotado, 6ª edição, Ed. Rio, 1980.
GONÇALVES, Manuel Lopes Maria. Código de processo penal anotado. Coimbra: Almeidina, 2005.

Gomes Filho, Antonio Magalhães: Direito à Prova no Processo Penal; editora Revista dos Tribunais, 1997.

Gomes Filho, Antonio Magalhães: A Motivação das Decisões Penais; editora Revista dos Tribunais; 2001.

Gomes, Luiz Flavio: Estudos de Direito Penal e Processo Penal; editora Revista dos Tribunais; 1999.

Grinover, Ada Pellegrini: A Nova Lei Penal, A Nova Lei Processual Penal; São Paulo; 1979; 2ª edição; editora Revista dos Tribunais.

_____ Fernandes, Antonio Scarance e Gomes Filho, Antonio Magalhães: As Nulidades n Processo Penal; 8ª edição; editora Revista dos Tribunais; 2004.

Jardim, Afrânio Silva – Direito Processual Penal, Ed. Forense, 11ª edição, 2005.

Jesus, Damásio E.: Código de Processo Penal Anotado, 9ª edição; editora Saraiva; 1991.

Lopes Jr., Aury – Sistemas de Investigação Preliminar no Processo Penal, Ed. Lúmen Júris, 2001.

_____ Introdução Crítica ao Processo Penal, Ed. Lúmen Júris, 2004.

Miranda Jorge, A Revolução de 25 de Abril e o Direito Constitucional, Lisboa, 1975.

_____, Manual de Direito Constitucional, Tomos I, II, III e IV, Coimbra Editora, 1981.

Novais, Jorge Reis – As Restrições aos Direitos Fundamentais Não Expressamente Autorizadas pela Constituição, Coimbra Editora, 2003.

Pedrosa, Ronaldo Leite – O Interrogatório Criminal como Instrumento de Acesso à Justiça Penal, Ed. Lúmen Júris, 2005.

Pereira, Rui – O Domínio do Inquérito pelo Ministério Público in Jornadas de Direito Processual Penal e Direitos Fundamentais, Ed. Almedina.

Prado, Geraldo – Sistema Acusatório, 3ª ed., Ed. Lúmen Júris, 2005.

Silva, José Afonso da – Curso de Direito Constitucional Positivo, 20ª edição, Ed. Malheiros, 2002.

Secco, Lincoln Revista Adusp, Trinta Anos Da Revolução Doas Cravos, Professor do Departamento de História da USP. outubro de 2004.

Tourinho Filho, Fernando da Costa – Processo Penal, Editora Saraiva, 24ª edição, 2002.

Notas Soltas sobre as Alterações de 2007 ao Código de Processo Penal Português

*Germano Marques da Silva**

SUMÁRIO: Introdução; 1. A publicidade e o segredo de justiça; 2. Ainda o regime da publicidade do processo e do segredo de justiça; 3. As escutas telefónicas; 4. A prisão preventiva e a detenção; 5. A obrigação de permanência na habitação; 6. Relações da justiça penal com a comunicação social; 7. O direito a não estar só; 8. Suspensão provisória do processo, recursos e documentação da prova; Conclusão.

Introdução

É muito de propósito que não me refiro à reforma mas às alterações ao Código de Processo Penal português porque, embora muito relevantes, as numerosas alterações a que procedeu a Lei n.º 48/2007, de 29 de Agosto, não bolem com a estrutura fundamental do Código aprovado pelo Decreto-Lei n.º 78/87, de 17 de Fevereiro; nem esse era o propósito do legislador. As alterações a que agora se procedeu não põem em causa as opções fundamentais, procuraram apenas corrigir e clarificar procedimentos cuja aplicação nestes vinte anos de vida do Código de Processo Penal de 1987 revelou dificuldades ou resultados menos satisfatórios, jurídica e politicamente.

As alterações introduzidas procuraram responder a preocupações de há muito apercebidas e manifestadas na comunidade jurídica sobre o

---

* Professor de Direito Penal e de Processo Penal na Universidade Católica Portuguesa.

modo de aplicação da lei e algumas foram precipitadas em razão do terramoto que o chamado "processo Casa Pia" provocou na justiça e sociedade portuguesas. Este processo trouxe para a ribalta da discussão pública questões que antes eram apenas do domínio reservado dos juristas e apressou, devido à notoriedade de alguns dos suspeitos, a clarificação de normas cuja aplicação pelos tribunais era frequentemente contestada. Refiro-me especialmente ao tempo de prisão preventiva, ao espectáculo das detenções à hora dos telejornais, ao exagero do segredo de justiça e sua constante violação, ao uso e abuso das escutas telefónicas e às relações da justiça penal com a comunicação social.

Quase todas as alterações visaram essencialmente a clarificação das normas e o seu aprofundamento em termos de garantias. É que, se é componente essencial da ideia de democracia o culto da liberdade, o certo é que com demasiada frequência os aplicadores da lei se deixam dominar por preocupações securitárias, comprometendo desse modo a afirmação do ideal democrático que enforme o Código e deve inspirar permanentemente a sua aplicação. O Código de Processo Penal de 1987 não está esgotado nas suas potencialidades e a sua estrutura e opções essenciais correspondem ao modelo que a Constituição da República impõe. Os ajustamentos ora introduzidos foram resultado da experiência destes vinte anos de vigência e não o subvertem, antes clarificam e aprofundam as soluções que fizeram com que seja geralmente reconhecido pela doutrina nacional e estrangeira como um dos Códigos que mais profundamente se conforma aos princípios do Estado de Direito Democrático.

Aplaudo, em geral, as alterações introduzidas, ainda que, naturalmente, aqui e ali tenha algumas reservas sobre as concretas soluções, fruto de precipitações de última hora[1].

---

[1] O projecto foi preparado por um grupo de trabalho denominado Unidade de Missão para a Reforma Penal que congregou membros oriundos das magistraturas, da advocacia, das polícias, da Universidade e, naturalmente, representantes do Governo, o que permitiu ampla discussão. O legislador introduziu pequenas alterações, nem sempre tecnicamente acertadas como o texto reflecte.

1. A publicidade e o segredo de justiça

I. Desde logo a minha discordância com a regulamentação da publicidade dos actos processuais e segredo de justiça. Era urgente a necessidade de alteração das normas pertinentes porque a aplicação que delas era feita era absolutamente desconforme com o espírito que inspira o Código. O segredo de justiça só se justifica quando necessário para a eficácia da investigação e para protecção dos sujeitos processuais, mormente do suspeito/arguido, sobretudo quando sobre o arguido impendem já limitações à sua liberdade.

Não era tolerável que o arguido estivesse sujeito a medidas de coacção ou de garantia patrimonial por meses e anos a fio sem ter acesso ao processo para se poder defender. Não era também aceitável que as vítimas estivessem tempos infinitos a aguardar o desfecho do processo sem qualquer notícia sobre o andamento das investigações. E tudo isso ocorria com demasiada frequência. O segredo de justiça, justificado para viabilizar a eficácia das investigações e proteger a honra dos suspeitos, era usado frequentemente para esconder a ineficácia das investigações e em nada protegia a honra dos suspeitos porque a violação do segredo, sabe-se lá por parte de quem, era uma constante. Não havia processo em que a comunicação social revelasse interesse que resistisse ao segredo e não consta que alguma vez fosse assaltado algum tribunal por parte da comunicação social para ter acesso aos processos!

A discussão sobre a publicidade e o segredo de justiça vem de muito longe, desde antes da promulgação do Código de Processo Penal de 1987[2]. Constava já do anteprojecto do Código da responsabilidade do Ministério da Justiça, em termos diversos do depois consagrado, e constava também do projecto de reforma da Constituição elaborado em 1979 por Francisco Sá Carneiro que preconizava a publicidade total[3].

---

[2] Alertámos em várias intervenções orais e escritas para a necessidade de interpretar a lei e fazer a sua aplicação à luz dos valores que a Constituição consagra e enformam o Código, nomeadamente no nosso Curso de Processo Penal e no artigo que escrevemos em homenagem ao Prof. Doutor Jorge de Figueiredo Dias: «Sobre a liberdade no processo penal ou do culto da liberdade como componente essencial da prática democrática», *Liber Discipulorum para Jorge de Figueiredo Dias,* Coimbra, 2003.

[3] Pensamos que o princípio da publicidade total do processo tinha subjacente a ideia de que a fase de investigação pré-acusatória não tinha ainda natureza processual, mas meramente administrativa.

A minha discordância não incide sobre a limitação do segredo de justiça e da mais ampla publicidade dos actos processuais, mas na forma atabalhoada como foi feita a alteração pela Assembleia da República. A regra agora é a plena publicidade e o segredo a excepção, mas confundiu-se na regulamentação a necessidade da publicidade interna, ou seja, do acesso aos autos tão pronto quanto possível por parte dos sujeitos processuais, com a publicidade externa, isto é, da plena publicidade do processo. O que importava era assegurar o acesso aos autos por parte do arguido, do assistente e do ofendido; tem muito menos relevo o conhecimento público do processo e da sua assistência aos actos processuais nas fases preliminares, mormente na fase em que decorre ainda a investigação para esclarecer a notícia do crime.

A forma desajeitada, tecnicamente incorrecta, como foi feita a alteração, vai implicar que urgentemente se proceda a nova alteração, sob pena de, como já está a suceder, os tribunais fazerem aplicação e interpretação *contra legem* das respectivas normas com a preocupação ou pretexto de encontrar soluções mais justas! O acerto das regras de procedimento deve, porém, estar na lei, porque o acerto determinado pela ideia vaga e confusa do que seja justo abre inevitavelmente a porta à discricionariedade.

II. Já se vai insinuando aqui e ali que as alterações em matéria de publicidade e limites de prazo para o segredo de justiça tem subjacente o recuperar da investigação administrativa, o que, isso sim, seria um passo atrás em matéria de garantias, representaria uma alteração estrutural do nosso modelo processual. É que com o Código de 1987 toda a investigação penal passou a ter natureza exclusivamente processual; não há investigação criminal fora do processo. Toda a investigação pré-acusatória é da competência do Ministério Público, auxiliado pelas polícias que, porém, lhe estão subordinadas funcionalmente em matéria de investigação criminal.

Não creio que esta suspeita tenha qualquer fundamento, mas se o tiver é necessário unir forças contra esse propósito. A limitação do prazo do segredo resultou do Pacto Parlamentar sobre a justiça que o limitou ao prazo normal da duração do Inquérito, prorrogável apenas por mais três meses. Não tenho qualquer indício de outro propósito, ou seja, que se pretendesse que a investigação da criminalidade grave fosse retirada a qualidade processual com sujeição a todas as garantias que a Constituição estabelece para passar a ter natureza administrativo-policial.

III. É minha profunda convicção que uma disciplina cuidada da publicidade e segredo de justiça, assegurando o acesso aos autos tão cedo quanto possível e sempre que necessário para a defesa dos direitos do arguido e do ofendido, será uma boa medida e acabará até por tornar inútil a fase processual da Instrução, fase incaracterística, motivada no passado por considerações paternalistas e de afirmação e consolidação do Ministério Público, mas em grande parte inútil se for assegurado oportunamente a intervenção do arguido e do assistente no Inquérito e se der efectivo cumprimento ao disposto na Constituição sobre a intervenção do juiz no que toca à limitação dos direitos fundamentais do arguido.

A instrução não tem de constituir uma fase processual, pode ser simplesmente um incidente que decorrerá na fase do Inquérito, sempre que necessário. É claro que se exige que o Ministério Público se continue a afirmar como um verdadeiro órgão de administração da justiça e que todos, magistrados, advogados e polícias, procedam em conformidade com as exigências dos seus estatutos que o Código gizou.

2. Ainda o regime da publicidade do processo e do segredo de justiça

I. As alterações introduzidas no Código pela Lei n.º 48/2007 misturaram alhos com bugalhos, confundiram a publicidade interna com a publicidade externa, ou seja, a necessidade da limitação do segredo relativamente aos sujeitos processuais com a total transparência da actividade processual. Por isso que, o novo n.º 1 do art. 86.º disponha agora que «o processo penal é, sob pena de nulidade, público, ressalvadas as excepções previstas na lei»[4] e se tenha mantido a norma do n.º 1 do art. 87.º segundo a qual «aos actos processuais declarados públicos pela lei, nomeadamente às audiências, pode assistir qualquer pessoa», embora oficiosamente ou a requerimento do Ministério Público, do arguido ou do assistente o juiz

---

[4] A redacção anterior era a seguinte: «o processo penal é, sob pena de nulidade, público, a partir da decisão instrutória ou, se a instrução não tiver lugar, do momento em que já não puder ser requerida».

possa restringir a livre assistência do público ou que o acto decorra com exclusão da publicidade.

Qualquer pessoa pode assistir aos actos processuais[5], salvo restrição da lei ou imposta pelo juiz. São pouquíssimos os casos de restrição impostos por lei, exactamente os mesmos que a lei anteriormente impunha quando a regra era a do segredo nas fases preliminares, donde que sob pena de se gerar o caos na prática dos actos processuais na fase da investigação, se venha a impô-lo generalizadamente por decisão do juiz, subvertendo embora a vontade (?) do legislador.

As restrições à publicidade na fase do inquérito estão previstas nos novos n.ᵒˢ 2 e 3 do art. 86.º. O Ministério Público, durante o inquérito, sempre que entender que os interesses da investigação ou os direitos dos sujeitos processuais o justifiquem, pode determinar a aplicação ao processo do segredo de justiça, ficando, porém, esta decisão sujeita a validação pelo juiz (art. 86.º, n.º 3). Também o juiz de instrução pode, mediante requerimento do arguido, do assistente ou do ofendido e ouvido o Ministério Público, determinar, por despacho irrecorrível, a sujeição do processo, durante o inquérito, a segredo de justiça, quando entenda que a publicidade prejudica os direitos daqueles sujeitos processuais (art. 86.º, n.º 2).

II. Verdadeiramente importante é que a submissão do processo a segredo de justiça na fase de investigação pré-acusatória (inquérito) só pode impor-se ao arguido, ao assistente e ao ofendido durante o prazo normal do inquérito[6], prorrogável embora por um período máximo de 3 meses, para a criminalidade comum, e por mais um novo período para a criminalidade mais grave (art. 89.º, n.º 6)[7].

---

[5] O que implica, como dá conta Manuel Lopes Maia Gonçalves, *Código de Processo Penal*, 16ª ed., 2007, p. 238: «A publicidade dos actos processuais implica que os lugares onde se realizam devem estar abertos ao público e que podem ser relatados publicamente, inclusivamente através dos órgãos de comunicação social, isto como regra, pois tanto a CRP como o art. 87.º do CPP permitem restrições».

[6] O prazo normal do inquérito é de seis meses, se houver arguidos presos ou sob obrigação de permanência na habitação, ou de oito, se os não houver. O prazo de seis meses é elevado por lei para oito, dez e doze meses em razão da gravidade dos crimes objecto da investigação ou da excepcional complexidade do processo (art. 276.º, n.ᵒˢ 1 e 2).

[7] Terrorismo, criminalidade violenta e criminalidade altamente organizada [alíneas i) a m) do art. 1.º).

Esta limitação é muito importante porque vem acabar com o segredo, relativamente ao arguido, ao assistente e ao ofendido, por tempo indeterminado, o que era especialmente grave relativamente ao arguido quando lhe tivessem sido aplicadas medidas de coacção ou de garantia patrimonial. Não é raro que a fase do inquérito se arraste durante anos e durante todo esse tempo o arguido ficava praticamente impossibilitado de se defender por não ter acesso aos autos[8]; as alterações ao Código vieram disciplinar e remediar esta distorção, ainda que só em parte.

E só em parte porque, reagindo contra a limitação do tempo do segredo, a magistratura se apressou a interpretar a parte final do n.º 6 do art. 89.º como se nada tivesse sido alterado, com se a vontade do legislador e a *mens legis* não sejam elementos a ponderar na interpretação da lei[9]. E, por isso, onde a lei diz que é admitida em geral uma prorrogação do segredo por um período máximo de três meses, «o qual pode ser prorrogado, por uma só vez, quando estiver em causa a criminalidade a que se referem as alíneas *i)* a *m)* do artigo 1.º[10], e por um prazo objectivamente indispensável à conclusão da investigação», logo se entendeu que por esta via se pode manter o segredo indefinidamente, pelo tempo que for conveniente para ultimar as investigações. Na prática, fica tudo na mesma! A interpretação cabe na letra da lei, mas não cabe no seu espírito.

III. Importantíssima clarificação neste domínio respeita à norma constante do n.º 6 do art. 194.º que permite ao arguido e seu defensor consultar os elementos do processo determinantes da aplicação da medida de coacção ou de garantia patrimonial, durante o interrogatório judicial e no prazo para a interposição de recurso. Já anteriormente entendíamos

---

[8] Não obstante a lei estabelecer prazos de duração máxima para a realização do inquérito, esses prazos são meramente ordenadores, sem quaisquer consequências processuais quando ultrapassados. A lei anterior permitia que o segredo de justiça, mesmo relativamente ao arguido, assistente e ofendido, se mantivesse durante todo o tempo que durasse o inquérito, o que, evidentemente, se tornava insustentável na perspectiva da garantia dos direitos daquelas pessoas.

[9] O Pacto Parlamentar sobre a Justiça dispõe: «Nos casos em que seja aplicável, o segredo de justiça não pode perdurar por mais de três meses para lá dos prazos legais do inquérito».

[10] As alíneas i) a m) do artigo 1.º do CPP referem-se ao terrorismo, criminalidade violenta, criminalidade especialmente violenta e criminalidade organizada.

que era essa a interpretação que devia ser feita da lei, sob pena de se negar na prática o direito de defesa, nomeadamente pelo recurso[11], mas a orientação dos tribunais, sobretudo a sua prática, era restritiva. Foi precisa a intervenção do Tribunal Constitucional, já na sequência do Processo Casa Pia, para que aquela orientação se alterasse. A Lei veio agora clarificar.

III. A limitação do tempo de duração do segredo de justiça é uma importantíssima alteração da lei e nada tem de inconstitucional. A regra é a publicidade, sobretudo interna, e o segredo é e deve continuar a ser a excepção. Deve ser a excepção limitada às estritas necessidades da investigação sem prejudicar nunca o direito de defesa que é garantido constitucionalmente. A limitação do segredo de justiça pode constituir também um factor dinamizador da investigação, o que é muito salutar, pois embora a celeridade do processo seja também imposta pela Constituição é das garantias mais frequentemente violadas pelo aparelho da justiça.

3. As escutas telefónicas

I. A matéria atinente às escutas telefónicas, cá, como um pouco por toda a parte, tem sido objecto de profundas controvérsias e constantes ajustamentos da lei e da orientação jurisprudencial.

Também o "Processo Casa Pia" acirrou a discussão sobre a matéria, por nele terem sido interceptadas comunicações de pessoas altamente colocadas no aparelho do Estado e logo exploradas na comunicação social, frequentemente ao estilo dos pasquins. Era urgente pôr ordem na interpretação da lei e na prática e foi sobretudo isso que a alteração ao Código pretendeu. A matéria revestia tanta importância política que foi também objecto do Pacto da Justiça[12].

---

[11] Cf. o nosso *Curso de Processo Penal*, II, 3ª ed., 2002, n.º 174.4 e o artigo citado na nota n.º 1.

[12] «O âmbito das pessoas sujeitas a interceptações telefónicas, cujo controlo e fiscalização é da competência dos magistrados judiciais, deve ser circunscrito a suspeitos, arguidos, intermediários e vítimas (neste caso mediante consentimento efectivo ou presumido). São destruídos os suportes manifestamente estranhos ao processo, em que só

II. A Constituição da República Portuguesa garante a inviolabilidade da correspondência e das comunicações privadas, proibindo toda a ingerência das autoridades públicas, salvos os casos previstos na lei em matéria de processo criminal (art. 34.º da CRP).

A Lei ordinária, ponderando a necessidade e proporcionalidade da restrição à inviolabilidade das telecomunicações, estabelece um catálogo de crimes relativamente aos quais é admissível recorrer a este meio de obtenção de prova e confia exclusivamente ao juiz, sob requerimento do Ministério Público, a ponderação no caso concreto da necessidade da diligência em atenção à sua indispensabilidade para a descoberta da verdade ou à dificuldade para a obtenção da prova (n.º 1 do art. 187.º do CPP).

Não há outra maneira de ponderar a necessidade senão atribuir a sua apreciação em cada caso a uma autoridade independente e é o que faz a lei, atribuindo essa competência ao juiz de instrução. A experiência do passado não é famosa, mas não há outro meio. Esperemos que os juízes cumpram a missão que a Constituição e a lei lhes confiam como primeiros garantes dos direitos, liberdades e garantias dos cidadãos.

Como consequência da taxatividade dos crimes que admitem este meio intrusivo de obtenção de prova, o novo n.º 7 do art. 187.º do CPP veio agora pôr na lei o que antes era apenas orientação de parte da doutrina[13], ou seja, que a gravação de conversações ou comunicações só pode ser utilizada em outro processo, em curso ou a instaurar, se tiver resultado de intercepção de meio de comunicação utilizado por pessoa relativamente a quem seja admitida a escuta e na medida em que for indispensável à prova de crime de catálogo, isto é, de crime para cuja investigação a lei admite a intercepção telefónica. É também uma norma clarificadora, mas de grande importância prática porque não obstante trinta anos de democracia é ainda mais comum o espírito securitário--policial do que o respeito pelas liberdade dos outros[14].

---

intervierem pessoas que não constem do elenco legal. É competência do juiz de instrução a autorização para a interceptação de comunicações, salvo nos casos do Presidente da República, Presidente da Assembleia da República e Primeiro Ministro, em que essa competência é cometida ao Presidente do Supremo Tribunal de Justiça».

[13] Cf. o nosso *Curso de Processo Penal*, II, n.º 160.5.

[14] À moda de outros tempos em que as proibições de prova eram desconhecidas no nosso sistema, há ainda quem defenda que obtida a prova, desde que por meios lícitos,

III. A intercepção e a gravação das comunicações telefónicas só podem ser autorizadas contra; a) o suspeito ou arguido; b) pessoa que sirva de intermediário, relativamente à qual haja fundadas razões para crer que recebe ou transmite mensagens destinadas ou provenientes de suspeito ou arguido; c) vítima de crime, mediante o respectivo consentimento, efectivo ou presumido. Se qualquer destas pessoas for o Presidente da República, o Presidente da Assembleia da República ou o Primeiro Ministro, a competência para autorizar as escutas passa do juiz de instrução para o Presidente do Supremo Tribunal de Justiça.

Não obstante a limitação das pessoas que podem ser sujeitas a escutas, parece que da conjugação do n.º 6 do art. 188.º com o n.º 7 do art. 187.º resulta que as conversações ou comunicações de quaisquer outras pessoas que utilizem o meio de comunicação utilizado por aquelas relativamente a quem a lei permite as escutas podem também ser gravadas, desde que respeitem ao crime objecto do processo em que a escuta foi ordenada[15].

Regra importantíssima é a do n.º 5 do art. 187.º que proíbe a interceptação e gravação de conversações ou comunicações entre o arguido e o seu defensor, salvo se o juiz tiver fundadas razões para crer que elas constituem objecto ou elemento do crime.

Também as regras do procedimento da realização das escutas foram clarificadas. Determina-se agora que os suportes técnicos das gravações, bem como os respectivos autos e relatórios, são levados ao conhecimento do Ministério Público de 15 em 15 dias e que este o leva ao conhecimento do juiz no prazo máximo de 48 horas e que o juiz determina a destruição imediata dos suportes técnicos e relatórios manifestamente estranhos ao processo. Esclarece-se que só podem valer como prova as conversações ou comunicações transcritas e juntas aos autos pelo arguido e assistente ou por ordem do Ministério Público e que todos os sujeitos processuais podem conferir as transcrições com as respectivas gravações (art. 188.º).

As gravações não transcritas e juntas aos autos pelo Ministério Público, assistente ou arguido são guardadas em envelope lacrado, à ordem do tribunal, e destruídos após o trânsito em julgado da decisão que puser termo ao processo.

---

não há mais quaisquer limitações à sua utilização, mesmo fora do âmbito do processo criminal, como por exemplo, em matéria disciplinar!

[15] Cf. o nosso Curso de Processo Penal, II, 4ª ed., 2008, n.º 160.2.2.

IV. Reflexo ainda do "Processo Casa Pia" é a importantíssima norma do n.º 4 do art. 88.º e que tem suscitado muitas dúvidas de interpretação, por uma parte, e críticas pelos órgãos de comunicação social, por outra. Dispõe aquele n.º 4 que «não é permitida, sob pena de desobediência simples, a publicação, por qualquer meio, de conversações ou comunicações interceptadas no âmbito de um processo, salvo se não estiverem sujeitas a segredo de justiça e os intervenientes expressamente consentirem na sua publicação. Trata-se das conversações ou comunicações transcritas e juntas aos autos pois que as que não forem transcritas são destruídas.

A interpretação correcta consiste, ao que pensamos, na proibição da própria transcrição, mas não impede a notícia sobre a sua existência e conteúdo. Procura evitar-se o enxovalho público que resulta da transcrição de palavras ou expressões que, embora usadas com frequência em privado, não são bem aceites no trato social. Só neste sentido consideramos que a proibição generalizada não viola a liberdade de comunicação.

4. A prisão preventiva e a detenção

I. Desde há muito que era muito contestado o regime de admissibilidade da prisão preventiva e a sua duração. O regime estabelecido pelo Código de Processo Penal de 1987 fora já muito alterado pela reforma de 1998 e desde então que os diversos governos preparavam novas alterações da lei no sentido da limitação da sua duração máxima. As alterações agora introduzidas pela Lei n.º 48/2007, de 29 de Agosto, limitam os pressupostos da admissibilidade da prisão preventiva e o tempo máximo da sua duração.

Não é quantitativamente significativa a redução do prazo máximo da prisão preventiva, embora toda a redução do tempo de privação da liberdade seja emblemática. O prazo máximo da prisão preventiva pode agora atingir três anos e quatro meses até ao trânsito em julgado da decisão, a que podem ainda acrescer mais seis meses em caso de recurso para o Tribunal Constitucional, quando se trate de crimes graves e o processo se revelar de excepcional complexidade, devido, nomeadamente, ao número de arguidos ou ofendidos ou ao carácter altamente organizado do crime. Anteriormente a duração máxima, nestes mesmos casos, era de quatro anos (art. 215.º do CPP).

Significativo foi a alteração dos pressupostos de admissibilidade da prisão preventiva. Anteriormente a prisão preventiva era admitida se existissem fortes indícios da prática de crime doloso punível com pena de prisão de máximo superior a três anos e com a alteração de 2007 o limite da pena é de cinco anos – máximo superior a cinco anos –, salvo se se tratar de crime de terrorismo, criminalidade violenta ou altamente organizada em que basta que o crime seja punível com pena de prisão de máximo superior a três anos (art.202.º).

Não nos parece ser possível ir muito mais além. O que é de exigir é que com a limitação por lei dos prazos máximos de duração da prisão preventiva venha a conjugar-se a aceleração da justiça, mas esta dificilmente pode ser estabelecida em termos gerais e abstractos sem prejuízo das garantias de defesa. É mais uma questão de dinâmica do aparelho judiciário do que da lei, pois que a lei, a própria Constituição, já estabelece que o arguido deve ser julgado no mais curo prazo compatível com as garantias de defesa (art. 32.º, n.º 2, da CRP).

II. Não podemos deixar passar em claro nesta matéria as normas do n.º 2 do art. 194.º e n.º 1 do art. 219.º. As alterações visaram clarificar as normas anteriores que vinham a ser interpretadas pelos tribunais ao arrepio do seu espírito, segundo nos parecia[16].

É agora claro que durante o inquérito, o juiz não pode aplicar medida de coacção ou de garantia patrimonial mais grave que a requerida pelo Ministério Público, sob pena de nulidade (n.º 2 do art. 194.º). A razão está em que quando o juiz toma a iniciativa de aplicar uma medida de coacção que não tenha sido requerida pelo Ministério Público é, de certo modo, a imparcialidade do órgão jurisdicional que é posta em causa, pois que o tribunal deixa de ser então o órgão do Estado de quem o arguido espera que aprecie a sua causa com isenção, como terceiro indiferente ao resultado, desde que justo, para se apresentar como "parte", assumindo a defesa da sociedade contra o arguido, função que jurídica e politicamente está atribuída ao Ministério Público. Acresce que a medida de coacção tem essencialmente uma função instrumental no processo e na fase do inquérito o *dominus* do processo é o Ministério Público e não o juiz que só deve intervir para defesa dos direitos do arguido.

---

[16] Cf. o nosso Curso de Processo Penal, II, 3ª ed., n.ºs 174.1 e 188.

Também é agora claro que só o arguido e o Ministério Público em benefício do arguido podem interpor recurso da decisão que aplicar, mantiver ou substituir medidas de coacção ou de garantia patrimonial (art. 219.º, n.º 1). A decisão que indeferir a aplicação, revogar ou declarar extintas as medidas de coacção ou de garantia patrimonial é irrecorrível (art. 219.º, n.º 3). Pensamos que estas soluções são as mais conformes com a excepcionalidade das medidas de coacção e de garantia patrimonial, sendo a regra a da liberdade, decorrente também do princípio da presunção de inocência.

III. Aparentemente sem grande relevância, mas também importante em termos de afirmação de princípios e, ao que nos apercebemos já com efeitos práticos significativos, foi a alteração do n.º 1 do art. 257.º do CPP ao dispor agora que a detenção fora de flagrante delito só pode ser ordenada pelo Ministério Publico quando for admissível a prisão preventiva e «houver fundadas razões para considerar que o visado se não apresentaria espontaneamente perante autoridade judiciário no prazo que lhe fosse fixado. Anteriormente bastava que fosse admissível a prisão preventiva.

Eram frequentes as detenções por ordem do Ministério Público para que o arguido fosse presente ao juiz para aplicação de uma medida de coacção e nem sequer sempre da medida de prisão preventiva. Constituía espectáculo indecoroso para a justiça as detenções efectuadas à hora dos telejornais para apresentação a interrogatório judicial em ordem à aplicação de medida de coacção, arrastando-se durante a noite os interrogatórios com os meios de comunicação à porta do tribunal, especulando sobre o que se estava a passar nos gabinetes e transmitindo imagens dos detidos à saída dos interrogatórios ou em liberdade ou para condução à prisão; eram frequentemente imagens degradantes nada próprias de um povo pacífico e civilizado. A grande maioria das vezes não havia a mais pequena dúvida de que o visado se fosse notificado para comparência o faria voluntariamente. Acaba-se o espectáculo.

O Ministério Público não perde o poder de ordenar detenções fora de flagrante delito, mas tem de ponderar e justificar no seu despacho a admissibilidade da prisão preventiva, o que implica um juízo sobre os respectivos pressupostos, e as razões por que considera que o visado se não apresentaria espontaneamente no prazo que lhe fosse assinalado.

Já o entendíamos assim antes das alterações da lei[17], mas a prática não era essa.

5. A obrigação de permanência na habitação

I. Estreitamente relacionada com a prisão preventiva é a medida de coacção de obrigação de permanência na habitação, agora prevista e regulada no art. 201.º e que é aplicável quando existirem fortes indícios da prática de crime doloso punível com pena de prisão de máximo superior a três anos.

Antes das alterações de 2007, a medida de obrigação de permanência na habitação tinha os mesmos pressupostos da prisão preventiva e foi, aliás, pensada, pelo legislador de 1998 como medida substitutiva da prisão preventiva para o que foi completada com a vigilância electrónica que foi regulada pela Lei n.º 122/99, de 20 de Agosto. É agora uma medida de coacção autónoma, tanto que os seus pressupostos são diversos dos da prisão preventiva.

A obrigação de permanência na habitação era muito pouco aplicada antes de 1999, em razão da dificuldade de controlar o seu cumprimento, mas a partir do momento em que foi introduzido o sistema de controlo à distância por meios electrónicos a sua aceitação e aplicação tem sido um verdadeiro sucesso e de tal modo que o Código Penal, após as alterações que lhe foram introduzidas pela Lei n.º 59/2007, de 4 de Setembro, passou a considerar o regime de permanência na habitação com fiscalização por meios técnicos de controlo à distância como uma verdadeira pena substitutiva na execução da pena de prisão aplicada em medida não superior a um ano ou a dois anos quando se verifiquem circunstâncias que desaconselhem a privação da liberdade em estabelecimento prisional, nomeadamente a gravidez, a idade inferior a 21 anos ou superior a 65, a doença ou deficiência graves, a existência de menor a cargo ou a existência de familiar exclusivamente a cargo do condenado (art. 44.º,

---

[17] CF. *Curso de Processo Penal*, I, 5ª ed., 2998, n.º 15.5: É o caso frequente das detenções fora de flagrante delito para aplicação de medidas de coacção, efectuadas no fim da tarde para apresentação dos detidos ao juiz apenas no dia seguinte, fazendo-os aguardar nos calabouços pelo menos uma noite. É o caso também de se efectuarem detenções fora das horas de expediente dos serviços, impedindo depois, com aquele pretexto, que os detidos contactem com os seus advogados.

n.ᵒˢ 1 e 2 do Código Penal). Também o regime de permanência na habitação pode ser aplicado como modo de adaptação à liberdade condicional, antecipando de um ano este regime de execução da pena de prisão (art. 62.º do Código Penal).

II. É importante referir que o regime de permanência na habitação com controlo à distância por meios electrónicos não se confunde com a denominada prisão domiciliária. O regime da lei portuguesa não é de prisão domiciliária dado que não é estabelecido qualquer mecanismo para forçar o condenado a permanecer na habitação (v.g. vigilância policial) e por isso que o incumprimento do regime não é equiparado a evasão, mas simplesmente a incumprimento da obrigação de permanência. O incumprimento da obrigação não constitui o crime de evasão, p.p. pelo art. 352.º do Código Penal, mas tão-só causa da sua revogação.

O regime de permanência na habitação é um regime flexível, podendo o juiz estabelecer que a obrigação de permanência se faça apenas em períodos limitados do dia para permitir ao condenado o exercício de profissão, de frequência escolar, cumprimento de preceitos religiosos e obrigações sociais, etc., o que evita a desinserção social. Deve observar-se que a experiência de aplicação deste regime de medida de coacção nos últimos sete anos tem permitido muito bons resultados em termos de prevenção especial, sobretudo quando aplicado a jovens delinquentes e desde que completado por outras medidas de inserção, como tem sucedido com o acompanhamento feito pela Unidade de Missão, que é uma estrutura do Instituto de Reinserção Social que vigia o cumprimento da obrigação, mas também e de modo não menos importante exerce uma função de aconselhamento e de ligação entre o arguido e o tribunal.

A experiência mostra que os fins das medidas de coacção podem ser realizados com sucesso com a sua aplicação e evitar o trauma e o estigma que a prisão sempre provoca. A medida foi muito bem acolhida na comunidade, não obstante algumas vozes do Restelo, infelizmente também entre os magistrados, que, resistentes a qualquer mudança, só conhecem a prisão preventiva, esquecendo que por força da Constituição esta é sempre uma medida de carácter excepcional[18]. A experiência de aplicação

---

[18] Art. 28.º, n.º 2, da Constituição da República Portuguesa: «A prisão preventiva tem natureza excepcional, não sendo decretada nem mantida sempre que possa ser aplicada caução ou outra medida mais favorável prevista na lei».

do regime permitiu já, porém, reduzir o número de presos preventivos em termos que nos colocam a par dos nossos parceiros na União Europeia.

Acresce ainda que o regime de permanência na habitação com vigilância electrónica à distância tem também a vantagem de ser mais económico que o regime de prisão preventiva, mesmo considerando apenas os custos directos, o que não deixa de ser muito relevante neste tempo em que tudo se pretende avaliar em termos de custos e benefícios.

6. Relações da justiça penal com a comunicação social

I. Soe dizer-se que a justiça se dá mal com a comunicação social e assim tem sucedido efectivamente e não só entre nós. O crime, sobretudo quando há sangue ou os envolvidos ocupam posições de destaque na sociedade, é apetecido pelos media, ávidos de escândalos com que alimentam o mau gosto do seu público, quando não por militância por causas várias de que o direito a informar é mero pretexto. Acresce o próprio interesse das polícias, e não só, em propagandear a sua eficácia e em divulgar publicamente os seus êxitos.

No nosso tempo, aliás, toda a gente fala sobre os processos. Falam os jornalistas, por ofício, os polícias por vaidade, os magistrados por indiscrição e os advogados por muitas razões quase sempre sem nada a ver com o exercício do patrocínio. Daqui as dificuldades em manter o segredo de justiça, frequentemente com graves prejuízos para a investigação e quase sempre para o bom nome dos suspeitos que, não obstante, por força da lei e dos princípios democráticos se presumem inocentes até à decisão final.

Justifica-se, assim, que no plano externo, a proibição da publicidade dos actos processuais seja mais rígida, sem descurar, porém, que a liberdade de imprensa constitui um dos pilares fundamentais da democracia, condição mesmo do exercício das demais liberdades políticas.

II. Antes das alterações de 2007, o Código acautelava a liberdade de informação ao estabelecer que o segredo de justiça vinculava apenas os participantes processuais e as pessoas que, por qualquer título, tivessem tomado contacto com o processo e conhecimento de elementos a ele pertencentes (art. 86.º, n.º 4). As frequentes violações do segredo e a divulgação dos actos em segredo pelos meios de comunicação social determinaram o legislador a alterar a regra, dispondo agora que o segredo de justiça vincula todas as pessoas que, por qualquer título, tiverem tomado contacto com o processo ou conhecimento de elementos a ele pertencentes (art. 86.º, n.º 8). Bastou a alteração da conjunção de "e" para "ou" para alterar profundamente o regime do segredo imposto também à comunicação social.

Discordamos da alteração que apenas revela a impotência do aparelho judiciário em acautelar o segredo, quando necessário e por isso imposto. Castiga-se o mensageiro em virtude da inabilidade ou ineficácia na prevenção da violação ou no castigo do violador dos seus deveres funcionais[19].

III. Tirando o regime apertado do segredo de justiça, sendo, porém, nossa convicção que será superado pelos jornalistas pela via do jornalismo de investigação, o regime é de amplo acesso da comunicação social à prática dos actos processuais. O n.º 1 do art. 88.º do CPP dispõe que «é permitida aos órgãos de comunicação social, dentro dos limites da lei, a narração circunstanciada do teor de actos processuais que se não encontrem cobertos por segredo de justiça ou a cujo decurso for permitida a assistência do público em geral». A lei estabelece limitações, justificadas para protecção das vítimas de certos crimes (tráfico de pessoas, contra a liberdade e autodeterminação sexual e a honra ou a reserva da vida privada), para protecção do direito à imagem (transmissão ou registo de imagens ou tomada de som) e garantia do contraditório (reprodução de peças processuais ou documentos incorporados no processo, até à sentença em 1ª instância).

O acesso ao processo em segredo de justiça é vedado à comunicação social, não valendo as limitações que a lei impõe relativamente ao acesso aos autos por parte do arguido, do assistente e do ofendido, a que já acima fizemos referência[20].

Parece-nos que o regime estabelecido pelo Código nas relações dos meios de comunicação social com a Justiça é equilibrado, ressalvados os

---

[19] Esta alteração da lei foi também em grande parte determinada pelo "Processo Casa Pia", pois foi muito frequente que os meios de comunicação social divulgassem o teor de actos processuais sem se conseguir apurar a sua fonte, ou seja, quem fora o agente do crime de violação de segredo.

[20] *Supra*, n.º 2.II.

casos pontuais já assinalados. Parece-nos de destacar a plena liberdade do jornalismo de investigação, que acompanha as investigações processuais e frequentemente lhes toma a dianteira, até porque é menos exigente na comprovação da fiabilidade dos elementos probatórios. A liberdade de informação, com as pouquíssimas restrições assinaladas e em geral justificadas, é garantida pelo Código de Processo Penal português.

7. O direito a não estar só

I. Para findar, uma nota sobre o que oportunamente designámos pelo «direito a não estar só».

Sob o título *"O Direito a não estar só ou o Direito a acompanhamento por advogado"*[21] defendemos oportunamente a aplicabilidade imediata do art. 20.º, n.º 2, *in fine*, da Constituição, considerando que «o direito de todos a fazer-se acompanhar por advogado perante qualquer autoridade é um direito à protecção jurídica [...] e constitui elemento da própria ideia de Estado de Direito democrático, pois não pode conceber-se uma tal ideia sem que todos os cidadãos tenham conhecimento dos seus direitos, o apoio jurídico de que careçam e o acesso aos tribunais quando precisem».

Concluímos no referido estudo que o direito de todos a fazer-se acompanhar por advogado perante qualquer autoridade visa o exercício esclarecido dos direitos de cada um, por uma parte, e prevenir eventuais abusos do exercício dos poderes de autoridade e ofensivos dos cidadãos que perante elas compareçam para o exercício de direitos ou cumprimento de deveres, por outra, mas reflexamente assegura também a transparência do exercício do poder e defende as autoridades contra acusações e suspeitas infundadas de utilização de meios inadequados ou ilícitos.

Todas as pessoas têm o direito de evitar deparar-se perante as autoridades em regime de solidão. É que os abusos são sempre possíveis, infelizmente reais, e é bom que possam ser prevenidos e denunciados. O acompanhamento por advogado serve para informar, fiscalizar, prevenir,

---

[21] Germano Marques da Silva, «O Direito a não estar só ou o Direito a acompanhamento por advogado», AA.VV, *Nos 25 Anos da Constituição da República Portuguesa de 1976*, AAFDL, 2001, p. 123 ss.

denunciar e perseguir pelos meios adequados, se necessário for; é sobretudo um meio expedito de protecção preventiva contra a prepotência, o arbítrio e a injustiça; é uma garantia de respeito da lei por todas as autoridades; é um princípio inerente ao Estado de Direito democrático.

Por isso que não entendêssemos, ou melhor, não aceitássemos a resistência à mudança, quando se trata simplesmente de aprofundar direitos dos cidadãos no confronto com as autoridades, protegendo-os de possíveis abusos. A autoridade não se confunde com autoritarismo e por isso que as autoridades democráticas não devam temer e antes fomentar a sua actuação pelos advogados, sendo de repudiar qualquer forma de «advogadofobia» que é uma das características do autoritarismo.

Porventura por esta falta de transparência é que vemos frequentemente nos tribunais as testemunhas a darem o dito, dizendo em audiência o contrário do que disseram no Inquérito, lançando labéus sobre os órgãos e autoridades de polícia criminal, quando não sobre as próprias autoridades judiciárias, o que tudo contribui para o desprestígio da Justiça.

Não obstante aquele direito a acompanhamento constar da própria Constituição, era frequente que as autoridades não o respeitassem com o pretexto de falta de lei que o tornasse exequível. Sempre a acostumada resistência à mudança, mesmo quando se trata de aprofundar garantias de direitos das pessoas, de autoritarismo disfarçado ou de deficiente interiorização dos valores do nosso tempo.

II. Finalmente, mais de 10 anos após a entrada em vigor da quarta revisão constitucional, aprovada pela Lei Constitucional n.º 1/97, temos lei que no domínio do processo penal torna exequível o n.º 2 do art. 20.º. É o que consta do no n.º 3 do art. 70.º, sobre o acompanhamento dos assistentes e do n.º 4 do art. 132.º sobre testemunhas, na redacção que lhes foi dada pela Lei n.º 48/2007, com o que muito nos congratulamos.

A propósito, é também importante a proibição constante do n.º 5 do art. 132.º, proibindo que o advogado que seja defensor do arguido no processo acompanhe a testemunha. É relevante quando o processo esteja em segredo de justiça; no mais é sobretudo uma questão do domínio da ética profissional.

8. Suspensão provisória do processo, recursos e documentação da prova

I. Brevíssimas referências às alterações da disciplina processual da suspensão provisória do processo e dos recursos.

Apreciamos muito que no regime da suspensão provisória se tenha previsto expressamente a possibilidade da suspensão ser requerida pelo arguido ou pelo assistente (art. 281.º, n.º 1). Julgamos que seria útil também a introdução de uma fase "negocial" quanto às injunções e regras de conduta. Temo-lo defendido[22] e estamos convencidos da sua utilidade; nada se perderia e muito se poderia ganhar com o diálogo entre as autoridades judiciárias e os defensores dos arguidos e advogados dos assistentes e poderia substituir com vantagens o recurso à mediação penal.

O regime da suspensão anterior às alterações de 2007 fora relativamente pouco utilizado, frustrando as expectativas do legislador na eficácia da justiça consensual, sendo frequentemente os magistrados acusados de não recorrerem à suspensão simplesmente porque é mais trabalhosa ou porque entendem que a prevenção se faz melhor pela via da repressão. Estamos convencidos que com a possibilidade da suspensão do processo ser agora requerida pelos arguidos e assistentes o recurso a este meio seja dinamizado.

II. No que respeita aos recursos, uma nota só para aplaudir a dispensa da audiência que só será realizada quando requerida para debater pontos concretos da motivação. Era tempo de pôr termo ao espectáculo degradante para a Justiça e objectivamente desrespeitoso ver nas audiências dos tribunais superiores os advogados dos recorrentes e recorridos, sobretudo quando recorrentes, serem substituídos por defensores oficiosos. Por culpa dos advogados recorrentes, evidentemente, e culpa grave porque a lei já lhes facultava a possibilidade de prescindirem de alegações orais (art. 411.º, n.º 4, do CPP).

Também o julgamento por decisão sumária quando «a questão a decidir já tiver sido judicialmente apreciada de modo uniforme e reiterado» [al. d) do n.º 6 do art. 417.º] se impunha. Há que prevenir os recursos puramente dilatórios.

---

[22] Germano Marques da Silva, «Em busca de um espaço de consenso em Processo Penal», *Estudos em Homenagem a Francisco José Veloso,* Universidade do Minho/ /Associação Jurídica de Braga, 2002, p. 695 ss.

III. Em matéria de documentação da prova produzida em audiência era inevitável a intervenção do legislador. Era fácil de reconhecer que o sistema anterior de transcrição integral dos registos sonoros era demasiado caro para poder continuar como estava; caro e não fidedigno.

Quando em 1998 se estabeleceu a obrigatoriedade do registo da prova em ordem a possibilitar o recurso efectivo em matéria de facto, procurou-se uma solução equilibrada: o recorrente devia especificar «as provam que impõem decisão diversa da recorrida» e «as provas que devem ser renovadas» com referência aos suportes técnicos, havendo lugar a transcrição (art. 412.º, n.º 4). A norma foi determinada por duas razões: economia dos próprios recursos, na medida em que, cumprindo ao recorrente a transcrição, se admitia que o faria com moderação e apenas no essencial, e economia relativamente aos custos da transcrição, quando o encargo recaísse sobre os tribunais. Por outra parte, sendo as transcrições feitas pelo recorrente, contava-se que o recorrido fiscalizasse a sua fiabilidade. Era essa a ideia, mas até ao momento imediatamente anterior à aprovação das alterações ao Código procurou-se obter consenso da magistratura no sentido de ser dispensada a transcrição das gravações, bastando as referências na motivação aos suportes técnicos. Não foi então possível por resistência dos magistrados.

A jurisprudência veio a firmar-se no sentido de que a transcrição dos depoimentos gravados em audiência de julgamento competia ao tribunal e não ao recorrente, o que criou dois problemas graves: o custo para os tribunais e a fidedignidade das transcrições. Era inevitável que o legislador interviesse. Percebe-se que o custo era insuportável e que as transcrições, pelo modo como eram feitas, não eram fiáveis.

A intervenção poderia ser no sentido de recuar à solução anterior à reforma de 1998, dispensando o registo da prova, o que temíamos porque estamos convencidos que é imprescindível o registo da prova para possibilitar o recurso efectivo em matéria de facto, mas não só, também porque pensamos que o registo disciplina indirectamente a própria produção da prova e contribui para a sua maior veracidade. Aplaudimos, por isso, as alterações agora introduzidas nos arts. 363.º, 364.º e n.ºs 4 e 6 do art. 412.º[23].

---

[23] Germano Marques da Silva, «Registo da prova em Processo Penal/Tribunal Colectivo e Recursos», *Estudos Em Homenagem a Cunha Rodrigues,* Vol. I, 2001, p. 801 ss.

Neste nosso tempo em que é tão fácil e acessível a reprodução áudio não se justifica a necessidade da transcrição e por isso que o razoável é que seja o Tribunal de recurso a escutar as gravações, como agora consta da lei (art.412.º, n.º 6)[24]. Não toda a gravação dos depoimentos, porque muitos serão inteiramente irrelevantes para efeitos da decisão do recurso e este é sempre e só um remédio e não um julgamento novo com base em provas adquiridas sem imediação. Nem sequer me parece importante o registo audiovisual, porque no recurso não está em causa o princípio da livre convicção do julgador, mas apenas a correcção de julgamento em função das provas produzidas em audiência. Não se trata tanto da interpretação das provas produzidas, mas da comprovação de que o juízo se fundou nas provas produzidas ou examinadas na audiência.

Conclusão

Foram breves estas notas sobre as alterações introduzidas no Código de Processo Penal de 1987 pela Lei n.º 48/2007, de 29 de Agosto. Naturalmente que muito mais haveria a dizer, sobretudo de aplauso, algumas de crítica pontual, mas são grandes as limitações de espaço e sobretudo de tempo para reflectir e escrever.

Estou convencido ainda que são boas as opções essenciais do Código de Processo Penal de 1987, quer no que respeita à sua estrutura fundamental, quer no que respeita à generalidade dos actos do processo. Gostaria de ver aprofundada, em ordem à separação dos processos, a problemática dos processos monstruosos que é causa de graves limitações aos direitos de defesa. Gostaria de rever o regime das nulidades, de equacionar a intervenção do juiz de instrução na fase do inquérito para apreciação dos actos de inquérito, quando suscitada a ilegalidade, de aprofundar ou clarificar os fins da instrução na perspectiva da defesa e de controlo da actividade do Ministério Público, em caso de arquivamento, etc. etc., etc.

---

[24] Admitimos que o Tribunal de recurso possa se o considerar necessário ou conveniente para a boa decisão determinar a transcrição, no todo ou em parte, das gravações da audiência, mas parece-nos verdadeiramente excessiva a prática anterior de ser o Tribunal de 1ª Instância e decidir, mesmo antes de interposto recurso, a transcrição das gravações.

A minha apreciação sobre as alterações agora introduzidas é francamente positiva porque considero que, mantendo o essencial, introduziu com prudência as correcções que a experiência da sua aplicação aconselhava. O Código foi melhorado, não obstante algumas alterações ditadas pela pressão de acontecimentos recentes, quando não simplesmente por caprichos pessoais. Legislar é também um acto humano...

Lisboa, Junho de 2008

Limite às Interceptações Telefônicas: a Jurisprudência do Superior Tribunal de Justiça no Brasil e a Alteração Introduzida no Código de Processo Penal Português[1] (Lei n.º 48/2007)

Geraldo Prado[*]

> Agradeço ao programa de pós-graduação da Universidade Estácio de Sá – UNESA – o apoio proporcionado à pesquisa que culminou neste trabalho.
> Agradeço também ao Instituto Brasileiro de Ciências Criminais – IBCCRIM – pelo convite para apresentar comunicação no X Seminário Internacional do IBCCRIM, realizado em São Paulo, entre os dias 28 de setembro e 01 de outubro de 2004.

SUMÁRIO: Explicação necessária. Introdução. A colocação do problema: questão constitucional e a(s) simetria(s) com as disposições do Código de Processo Penal português de acordo com a Reforma introduzida pela Lei 48/07. Outras considerações sobre a Lei n. 9.296/96. Bibliografia. Anexo – Projeto de Lei n. 3.272/08 (Brasil).

---

[1] Trata-se de atualização ao artigo que deu origem ao livro *Limite às Interceptações Telefônicas e a Jurisprudência do Superior Tribunal de Justiça*, publicado em 2004 pela Editora Lumen Juris (vide nota 5). Este ensaio incorpora observações ao direito processual penal português à luz da lei n.º 48/2007.

[*] O autor é Mestre e Doutor em Direito pela Universidade Gama Filho. É Desembargador no Tribunal de Justiça do Estado do Rio de Janeiro e professor adjunto do Programa de Pós-graduação (mestrado e doutorado) da Universidade Estácio de Sá.

"É certo que em matérias constitucionais não pode haver aventuras e que tal tarefa não pode decorrer à margem das regras da democracia política nem das regras jurídicas. Mas não é por acaso que, de Ihering a Bobbio, se vem falando da defesa dos direitos em termos de 'luta', vocábulo que neste contexto é destituído de qualquer conotação agressiva. Aqui luta só denota esforço ou melhor hiper-esforço construtivo e reconstrutivo, tensão ideal, compromisso com os valores mais elevados do ordenamento. Isso quer dizer também abertura cultural, porque o direito não se nutre da sua própria substância, pois, como diz o velho mestre de Turim nas linhas finais de seu prólogo a Diritto e Ragione, o livro de Ferrajoli, nem sequer o mais perfeito sistema de garantismo pode encontrar em si mesmo a sua própria garantia."

PERFECTO ANDRÉS IBÁÑEZ

Explicação necessária

Em março de 2004 recebi amável convite do Instituto Brasileiro de Ciências Criminais (IBCCRIM) para participar do X Seminário Internacional promovido por este instituto na cidade de São Paulo, entre fins de setembro e início de outubro. A mim caberia compartilhar com o estimado Ministro Gilson Dipp, integrante da 5ª Turma do Superior Tribunal de Justiça do Brasil, painel cujo tema fora definido. Falaríamos sobre interceptações telefônicas.

O convite veio em meio ao alvoroço provocado pelo início do julgamento, pelo Supremo Tribunal Federal, da legitimidade da investigação criminal conduzida diretamente pelo Ministério Público. Em meados de 2008 este julgamento ainda não foi concluído. É fácil prever que qualquer decisão que o Supremo Tribunal Federal brasileiro vier a tomar nessa matéria desagradará a alguns juristas e contrariará entendimentos de outros tribunais, pois há fortes argumentos e posições consolidadas em ambas as direções.

O Seminário Internacional do IBCCRIM construiu reputação no meio acadêmico por reunir juristas e pesquisadores do mundo todo, interessados em algum aspecto/segmento do fenômeno criminal. A interdisciplinaridade e o caráter plural do encontro são igualmente marcas significativas desse seminário. Outra característica: embora freqüentado também por estudantes de graduação, o público predominante é formado por profissionais do direito com atuação em diversas áreas.

Por isso, no lugar de me dedicar a uma análise artigo por artigo da Lei n.º 9.296/96, ao estilo dos glosadores da pós-modernidade no direito, escolhi refletir sobre importante decisão, que por coincidência havia sido relatada por meu colega de mesa. Esta escolha, respeitosa, registro, teria a meu juízo a virtude de possibilitar o debate acerca de tema de fundo talvez mais importante que a lei em si, isto é, permitiria discutir o alcance das limitações constitucionais aos direitos fundamentais, à luz da jurisprudência. O conflito entre dogmática constitucional e concepções funcionais do Sistema Penal, que caracteriza o debate em torno da investigação criminal pelo Ministério Público, estava posto e decidido pelo Superior Tribunal de Justiça em outra perspectiva, a da restrição à inviolabilidade das comunicações telefônicas.

Enquanto me preparava para a apresentação fui brindado pela sorte de ter em mãos trabalhos a respeito da defesa da Constituição no Estado Democrático Constitucional de Direito, em sua maioria de autores portugueses. Desenvolvi, ainda, simultaneamente, seminários no curso de mestrado em Direito da UNESA que giraram em torno do exame das condições históricas de formação da base normativa do processo penal brasileiro. Trata-se de incipiente organização de idéias daquilo que pretendo venha a ser a (uma) história das condições concretas do processo penal brasileiro no século XIX.

Ao reunir os materiais sobre defesa da Constituição da República em um estado democrático e história do processo penal conclui, provisoriamente, que a liga que une processo penal e Constituição é mais densa do que se costuma perceber. Não se cuida aqui da costumeira afirmação, meramente retórica. Não se trata de dizer que o Processo Penal é a Constituição aplicada! É necessário aprofundar a análise do processo penal como "constituição aplicada" para construir de fato dogmática consciente deste vínculo.

Ao lado da percepção de que o caminho da doutrina, e via de conseqüência o da jurisprudência, era tímido nessa direção, notei também que o modo como Constituição e Processo Penal se relacionam no âmbito do discurso jurídico, tomado na acepção que lhe atribui Michel Foucault, de "conjunto regular de fatos lingüísticos em determinado nível, e polêmicos e estratégicos em outro[2]", tocava somente a superfície. Os exemplos são vários. Fica o método, a reclamar dos demais estudiosos a contestação ao que afirmo. Com efeito, o modo comum de atuar a interpretação conforme a Constituição de regras do processo penal consiste, salvo raras exceções, em análise da *tipicidade* constitucional das regras processuais.

Assim, para ilustrar se pega um dispositivo do Código de Processo Penal que trata do direito de defesa e se submete este dispositivo ao confronto com a norma constitucional que cuida do direito de defesa. Se houver correspondência, a aplicação do mencionado dispositivo está autorizada!

Penso que as coisas não são simples assim. A Constituição da República é um complexo normativo[3] exigente. O sistema constitucional não se esgota em regras, mas aufere consistência em princípios que expressam normas jurídicas válidas, cuja eficácia e efetividade devem ser objeto da atenção dos profissionais do direito.

A afirmação da (in) constitucionalidade de determinados atos normativos, portanto, reclama verificação da compatibilidade do ato não apenas com uma isolada regra constitucional (que poderá, é claro, ser suficiente para excluir a esfera de aplicação desse ato, negando-lhe validade), mas com a totalidade do sistema constitucional, que compreende uma rede intrincada de regras e princípios.

Não há como negar, ainda hoje, que aprofundar a apreciação dos atos normativos e decisões processuais penais, nessa direção, parece tarefa não só inconclusa como, lamentavelmente, mal começada, sem embargo dos vinte anos da Constituição brasileira de 1988!

Em síntese, a abordagem do tema proposto pelo IBCCRIM obedeceu a estes fatores e, antecipando minha conclusão, termino por sustentar que a lei brasileira (Lei n.º 9.296/96) não confere validade às escutas telefônicas que durem mais de trinta dias.

Não sei se dei conta do que pretendia. Creio, todavia, ter dado passo importante na direção da provocação dessa temática, o que considero suficiente para justificar a publicação da versão completa da comunicação e seus acréscimos e atualizações em forma de livro, destinado ao leitor português[4].

---

[2] FOUCAULT, Michel. A verdade e as formas jurídicas, Rio de Janeiro, NAU, 1999, p. 9.

[3] ZAGREBELSKY, Gustavo. El derecho dúctil: ley, derechos y justicia, Madrid, Trotta, 1997.

[4] Convém destacar que finalizo esta obra quando no próprio Superior Tribunal de Justiça brasileiro (6ª Turma, agora com nova configuração) está suspenso o julgamento

Até porque, releva sublinhar, na contramão das posições aqui defendidas encontra-se, todavia, o projeto de lei que em 2008 está sendo proposto pelo Executivo ao Congresso Nacional brasileiro.
Prevê o citado projeto, em seu artigo 5.º, §1.º, que:
"O prazo de duração da quebra do sigilo das comunicações não poderá exceder a sessenta dias, permitida sua prorrogação por iguais e sucessivos períodos, desde que continuem presentes os pressupostos autorizadores da medida, até o máximo de trezentos e sessenta dias ininterruptos, salvo quando se tratar de crime permanente, enquanto não cessar a permanência.".

Por derradeiro, quanto aos acréscimos, penso que o desafio proposto ganha maior significação quando confrontado com o estado da matéria à luz do Código de Processo Penal português!
É o que se deduz do disposto no artigo 187, n.º. 6, do Código de Processo Penal português, com a redação que lhe conferiu a lei n.º 48, de 29 de agosto de 2007.
Assim, de acordo com o dispositivo, sem precedente no diploma processual português, *"a interceptação e a gravação de conversações ou comunicações são autorizadas pelo prazo máximo de três meses, renovável por períodos sujeitos ao mesmo limite, desde que se verifiquem os respectivos requisitos de admissibilidade"*.
É bem verdade que a nova disciplina jurídica das interceptações busca o preenchimento da lacuna denunciada por Manuel da Costa Andrade[5], para quem o regime legal em vigor não dava cabo "a praticamente nenhum dos problemas de mais evidente alcance teórico-prático". E sobre isso José Mouraz Lopes acrescentava o fato de assumir:
"inequívoca centralidade a necessidade de, por um lado, delimitar à partida o prazo legal para a realização das escutas e, por outro, atentar na fundamentação da sua prorrogação em função

---

do habeas corpus HC 76 686/PR, impetrado pela defesa de Isidoro Rozenblum Trosman e Rolando Rozenblum Elpern, tendo por fundamento a ilicitude da prova obtida por meio de reiteradas prorrogações de escutas telefônicas. O relator, Ministro Nilson Naves, votou pela concessão da ordem, no sentido da tese proposta neste livro, em 2004.

[5] ANDRADE, Manuel da Costa. Sobre as proibições de prova em processo penal. Reimpressão. Coimbra, 2006, p. 273.

das circunstâncias concretas do 'alvo' e das suas próprias idiossincrasias, como são, por exemplo, os casos de 'alvos' onde seja necessário a utilização de tradução"[6]

A questão a indagar é se, com o prazo de três meses, e suas prorrogações, a lei portuguesa deu conta da lacuna ou propiciou o acirramento da celeuma em torno da duração excessiva de uma prática cuja danosidade social qualificada deste meio de devassa[7], para ficar com a expressão do referido jurista, é incontroversa!

Como método para, ao menos superficialmente trasladar a questão problemática aos colegas portugueses, seguir com a análise do paradigma jurisprudencial brasileiro e inserir, incidentalmente, as observações ao caso português.

A eleição deste procedimento tem o propósito de manter a unidade decorrente de um conjunto de argumentos articulados ao concreto caso discutido e decidido pelo tribunal brasileiro. Sou da opinião de que assim ficará facilitada a leitura e compreensão da tese central.

Por último, uma confissão. Não fosse por Giselle, pelo enorme amor que sinto por ela, o que com o passar dos anos só faz aumentar, e por meus filhos Ana Gabriela e Carlos Felipe, a quem desejo devolver um mundo melhor do que o que eles me emprestaram, talvez não tivesse ânimo para levar adiante este projeto. Ele, o projeto, não é só meu. É de muitos, mas principalmente dos três amores da minha vida.

Introdução

1) Ao iniciar o exame da decisão proferida pelo Supremo Tribunal Federal brasileiro no julgamento do Recurso em Habeas Corpus n. 81.326-DF, Lênio Luiz Streck e Luciano Feldens lembram a atitude da personagem do filme *O Dossiê Pelicano*, aluna de direito, que confrontada com a solução apresentada pela Suprema Corte acerca de determinado assunto, invocou máxima de todos conhecida, porém raramente explicitada: A Suprema Corte está errada[8]!

---

[6] Escutas telefônicas: seis teses e uma conclusão. **In**: *Revista do Ministério Público*, ano 26, out-dez 2005, n.º 104, p. 141.

[7] ANDRADE, Manuel da Costa, obra citada, p. 317.

[8] STRECK, Lênio Luiz e FELDENS, Luciano. Crime e Constituição: A legitimidade da função investigatória do Ministério Público, Rio de Janeiro, Forense, 2003, p. 1.

2) Em realidade, não precisávamos ir tão longe. Entre nós, Nelson Hungria, ícone da doutrina penal e ele próprio ministro do Supremo Tribunal Federal do Brasil, costumava sublinhar que o Supremo Tribunal Federal não está imune a críticas e tem um só privilégio: o de errar por último[9]!

3) Com isso, por evidente o que se quer colocar em destaque é o caráter de referência das decisões dos tribunais superiores. Na academia pesquisadores e professores devem tomar como material de trabalho as principais decisões dos tribunais e interrogar seus fundamentos, despreocupados com eventual força vinculativa da sentença. Em âmbito de investigação científica não prevalecem os argumentos de autoridade, só a autoridade dos argumentos.

4) Assim, a análise de decisões paradigmáticas auxilia o profissional do direito a reconstituir a trajetória de formação do pensamento subjacente à mencionada decisão e permite que a linha de raciocínio empregada seja comparada com as técnicas que a dogmática jurídica coloca à disposição desses profissionais.

5) Advirta-se, desde logo, que a utilidade de investigação dessa natureza só é significativa quando a compreensão do que constitui dogmática jurídica não se limite ao padrão peculiar ao denominado *paleopositivismo*[10]. Vera Andrade alude à auto-imagem da dogmática como Ciência do Direito, "que tendo por objeto o Direito Positivo vigente em um dado tempo e espaço e por tarefa metódica (imanente)[11]" a configuração de sistema de conceitos, elabora estes conceitos "a partir da 'interpretação' do material normativo, segundo procedimentos intelectuais (lógico--formais) de coerência interna[12]", tendo por finalidade ser útil ao direito. À toda evidência, sublinha a citada autora, uma *imagem* dessa natureza serve tão-somente para falsear a tarefa de investigação científica do fenômeno jurídico, contribuindo para a formulação do paradigma da "neutra-

---

[9] FRAGOSO, Heleno Cláudio. *A defesa do padre Reginaldo Veloso* **in:** Advocacia da Liberdade, Rio de Janeiro, Forense, 1984, p. 199.
[10] FERRAJOLI, Luigi. *El derecho como sistema de garantías*, **in:** Derechos y garantías: la ley del más débil, Madrid, Trotta, 1999, p. 19.
[11] ANDRADE, Vera Regina Pereira. Dogmática Jurídica: escorço de sua configuração e identidade. Porto Alegre, Livraria do Advogado, 1996, p. 18.
[12] *Idem.*

lidade valorativa" do direito em face dos demais sistemas sociais. A ferramenta *dogmática jurídica* de que a presente investigação se valerá está inserida em um largo espectro, que rompe e supera o padrão denunciado com competência por Vera Andrade, e que articula a(s) ideologia(s) que preside(m) o fenômeno jurídico às funções do direito, manifestas e latentes, por meio de método que permita captar esse sentido ideológico finalista que, afinal, aflora nas decisões e, sobremodo, *na decisão* submetida a exame! As decisões jurídicas não são politicamente neutras e a pesquisa se propõe a explicitar como a precisa decisão em apreciação se situa, tomando por base, será visto adiante, a perspectiva da Constituição da República brasileira.

6) Seria despropositado o projeto de avaliação dessa natureza se a ótica constitucional dirigisse permanentemente a tarefa de interpretação, integração e aplicação do direito, com especial relevo para a definição do espaço jurídico de incidência das regras que limitam (restringem ou suspendem) o exercício de direitos, liberdades e garantias fundamentais. No entanto, as coisas não se dão dessa maneira. No cerne da aplicação concreta das normas jurídicas, no momento de sua real constituição, há uma política do direito que se manifesta. E essa política, em uma república, não pode ser uma política qualquer. A validade jurídica do ato de concretização da norma, espelhada na Constituição da República, está condicionada à compatibilidade entre a disposição constitucional e o comportamento em si mesmo[13]. E aí se funda o valor dessa dogmática jurídica complexa, que delimita as fronteiras da política do direito: José Eduardo Faria anota que "a política do Direito diz respeito à compreensão de como as decisões autoritárias, no sentido de instauração de uma regra jurídica oportuna e necessária em função dos interesses atuais da comunidade, são tomadas e executadas[14]".

7) Parte-se do princípio de que a(s) única(s) política(s) válida(s) no campo da restrição e/ou suspensão do exercício de direitos, liberdades e garantias fundamentais está (ão) previamente ditada(s) pela Constituição da República, ainda quando a própria Constituição reclame a reserva de lei para regular a aplicação dos mecanismos de limitação a direitos. Em

---

[13] FERRAJOLI, Luigi. Derecho y razón: Teoría del garantismo penal, 4ª edición, Madrid, Trotta, 2000.

[14] FARIA, José Eduardo. Poder e Legitimidade, São Paulo, Perspectiva, 1978, p. 25.

suma, o Poder Judiciário faz política ao aplicar o direito, todavia por força de suas funções estipuladas na própria Constituição da República e em consideração ao que legitima o exercício desse Poder, a *política* do Poder Judiciário nada mais é do que a *política* da própria Constituição, expressa na defesa intransigente dos direitos fundamentais e dos princípios republicanos e democráticos.

8) A decisão que será examinada a seguir ultrapassa, a nosso juízo, as margens acima expostas. Trata-se de perigoso precedente pelo que, sutilmente ou não, traduz: a transformação da *política da Constituição*, consoante antes alertado, em política governamental na área da segurança pública. A conversão dos valores constitucionais em instrumento manejável para por cobro à criminalidade violenta ou organizada ressuscita, por certo sem que tenha sido essa a intenção dos juízes autores da decisão, as técnicas de controle repressivo vigentes ao tempo dos regimes políticos autoritários na América Latina. A tese central deste trabalho é de que não há diferença alguma, de ordem prática ou axiológica, entre escutas/interceptações telefônicas clandestinas, adotadas pelas forças de segurança que serviram às ditaduras militares do continente, e interceptações telefônicas autorizadas judicialmente, executadas por período significativo e além (e fora) de qualquer controle real. Isso independentemente da intenção daqueles que autorizam e ratificam tais medidas e do seu compromisso formal com o Estado de Direito.

9) A decisão objeto da investigação foi proferida pela 5ª Turma do Superior Tribunal de Justiça do Brasil, no Recurso Ordinário em Habeas Corpus n. 13.274-RS (recorrentes JUAREZ MARINS e outros), tendo por relator Min. Nilson Gipp, e era impugnado acórdão do Tribunal Regional Federal da 4ª Região. A ementa é a seguinte:

> "CRIMINAL. R*HC*. CRIMES CONTRA A ORDEM TRIBUTÁRIA. A SAÚDE PÚBLICA, O SISTEMA FINANCEIRO NACIONAL, AGIOTAGEM, LAVAGEM DE DINHEIRO E FORMAÇÃO DE QUADRILHA. INTERCEPTAÇÃO TELEFÔNICA. NULIDADES. PRAZO DE DURAÇÃO. NÃO COMPROVAÇÃO DA INDISPENSABILIDADE DA INTERCEPTAÇÃO, QUANDO DA AUTORIZAÇÃO DAS RENOVAÇÕES. AUTORIZAÇÃO DA INTERCEPTAÇÃO ANTES DA EFETIVAÇÃO DE QUALQUER OUTRO MEIO DE PROVA. CONFIABILIDADE QUESTIONÁVEL DAS DEGRAVAÇÕES. IMPROPRIEDADE DO *HABEAS CORPUS*.

AUSÊNCIA DE TRANSCRIÇÕES DAS CONVERSAS INTERCEPTADAS NOS RELATÓRIOS DA POLÍCIA AO JUÍZO. CIENTIFICAÇÃO DO MINISTÉRIO PÚBLICO SOBRE AS MEDIDAS INVESTIGATÓRIAS. GRAVAÇÕES ENTRE INVESTIGADO E ADVOGADO. DELITOS APENADOS COM DETENÇÃO. LICITUDE DAS INTERCEPTAÇÕES. RECURSO DESPROVIDO.

I – A interceptação telefônica deve perdurar pelo tempo necessário à completa investigação dos fatos delituosos.

II – O prazo de duração da interceptação deve ser avaliado pelo Juiz da causa, considerando os relatórios apresentados pela polícia.

III – O *habeas corpus* é meio impróprio para análise das alegações que não encontram pronto respaldo nos documentos carreados ao feito, quais sejam, de que as interceptações teriam sido deferidas sem que a polícia procedesse anteriormente a qualquer ato investigatório dos delitos, de que a prova dos crimes de que foram acusados os pacientes poderia ter sido obtida por outros meios, e da confiabilidade questionável das degravações juntadas aos autos.

IV – Não se pode exigir que o deferimento das prorrogações (ou renovações) seja sempre precedido da completa transcrição das conversas, sob pena de frustrar-se a rapidez na obtenção da prova.

V – Não se faz necessária a transcrição das conversas a cada pedido de renovação de escuta telefônica, pois o que importa, para a renovação, é que o Juiz tenha conhecimento do que está sendo investigado, justificando a continuidade das interceptações, mediante a demonstração de sua necessidade.

VI – A lei exige que seja feita a transcrição das gravações ao final da escuta, a fim de que o conteúdo das conversas seja juntado ao processo criminal.

VII – Não procede a alegação de nulidade nas interceptações pelo fato de o Ministério Público não ter sido cientificado do deferimento das medidas investigatórias, se sobressai que o *Parquet* acompanhou toda a investigação dos fatos, inclusive a interceptação das comunicações telefônicas dos pacientes, não sendo necessário que fosse formalmente intimado de cada prorrogação das escutas.

VIII – O Juiz, ao determinar a escuta telefônica, o faz com relação às pessoas envolvidas, referindo os números de telefones, não cabendo à autoridade policial fazer qualquer tipo de "filtragem".

IX – A avaliação dos diálogos que serão usados como prova cabe ao Julgador, quando da sentença.

X – Hipótese em que não foi determinada a quebra do sigilo do advogado em nenhum momento, ocorrendo apenas gravações e transcrições automáticas de algumas ligações recebidas do advogado pelos investigados[15].

XII – Se, no curso da escuta telefônica – deferida para a apuração de delitos punidos exclusivamente com reclusão – são descobertos outros crimes conexos com aqueles, punidos com detenção, não há porque excluí-los da denúncia, diante da possibilidade de existirem outras provas hábeis a embasar eventual condenação.

XIII – Não se pode aceitar a precipitada exclusão desses crimes, pois cabe ao Juiz da causa, ao prolatar a sentença, avaliar a existência dessas provas e decidir sobre condenação, se for o caso, sob pena de configurar-se uma absolvição sumária do acusado, sem motivação para tanto.

XIV – É lícita a interceptação telefônica deferida por Autoridade Judicial, atendendo representação feita pela Polícia, de maneira fundamentada e em observância às exigências legais.

XV – Recurso desprovido.

ACÓRDÃO

Vistos, relatados e discutidos os autos em que são partes as acima indicadas, acordam os Ministros da QUINTA TURMA do Superior Tribunal de Justiça 'A Turma, por unanimidade, negou provimento ao recurso'. Os Srs. Ministros Jorge Scartezzini, Laurita Vaz, José Arnaldo da Fonseca e Felix Fischer votaram com o Sr. Ministro Relator.

Brasília (DF), 19 de agosto de 2003 (Data do Julgamento)

MINISTRO GILSON DIPP

Presidente e Relator[16]"

---

[15] Não há item XI.

[16] O Supremo Tribunal Federal apreciou impugnação a esta decisão, em 16 de setembro de 2004 (HC 83.515), mantendo-a. Votaram neste sentido o relator, Ministro Nelson Jobim, e Eros Grau, Joaquim Barbosa, Carlos Ayres Britto, Cezar Peluso, Gilmar

10) Muito embora este trabalho envolva outros pontos cobertos pela mencionada decisão, o foco está na questão do prazo de prorrogação/ /renovação de escuta/interceptação deferida judicialmente, na forma do artigo 5.º da Lei n.º 9.296/96 e de como esta regra há de ser compatibilizada com o conjunto de regras e princípios constitucionais de modo a proporcionar interpretação e aplicação válidas. A solução deste "problema" indicia a forma de resolução de uma série de questões derivadas da concretização das disposições previstas na Lei n.º 9.296/96. No caso, a decisão judicial convalidou diversas prorrogações da interceptação da mesma linha telefônica, todas por prazo de quinze dias. Fica a interrogação: está justificada a continuidade das interceptações, mediante a demonstração de sua necessidade, independentemente de prazo, pois o que importa para a renovação é que o Juiz tenha conhecimento do que está sendo investigado? A nossa resposta, antecipamos, é não.

A colocação do problema: questão constitucional

11) A colocação do problema: questão constitucional.

Ainda antes de definir o espaço jurídico dentro do qual se localizam as questões relativas à interceptação das comunicações telefônicas, é curial determinar a perspectiva a ser privilegiada em tema que simultaneamente envolve técnicas de investigação de infrações penais e restrição a exercício de direitos fundamentais.

A ótica prestigiada indica o método a ser aplicado na análise das disposições de direito positivo e conduz a diferentes conclusões à vista dos chamados "casos difíceis".

12) Entre os doutrinadores brasileiros que em primeiro lugar se dedicaram ao exame da matéria, definindo antecipadamente o eixo sobre o qual fundaram sua opinião, coube a Lênio Streck[17], Antonio Magalhães

---

Mendes, Sepúlveda Pertence e Celso de Mello, vencido Marco Aurélio. O acórdão ainda não havia sido publicado quando foi preparada esta comunicação, muito embora por gentileza do Min. Gilson Dipp o autor tenha tomado conhecimento de seus termos. Consulta a internet em 5 de outubro de 2004:
www.stf.gov.br/noticias/imprensa/ultimas/ler.asp?CODIGO=105883&tip=UN.

[17] STRECK, Lênio Luiz. As interceptações telefônicas e os direitos fundamentais, Porto Alegre, Livraria do Advogado, 1997, p. 26.

Gomes Filho[18] e Antonio Scarance Fernandes[19] optarem pela perspectiva constitucional. Lênio Streck estabelece como passo inicial a atitude cautelosa no exame e aplicação da lei, fixando que se "trata do estabelecimento de limites às liberdades e garantias individuais do cidadão", o que, segundo ele, "leva à seguinte indagação: em que medida pode o Estado ingressar na esfera da intimidade das pessoas?[20]".

13) Os autores em sua maioria, porém, incluindo os mencionados juristas, não extraem da premissa todas as suas conclusões e assim possibilitam uma promíscua convivência entre funções constitucionais e processuais penais, que em tema de direitos fundamentais pode conduzir ao arbítrio ou às suas proximidades. Com efeito, a força da Constituição é reclamada para alertar acerca do caráter excepcional da interceptação das comunicações telefônicas, acentuando o acerto da dicção legal que somente justifica as interceptações se a prova não puder ser feita de outra maneira[21], reforçando-se ainda a idéia de aplicação do critério da proporcionalidade[22] quando se tratar de selecionar os casos de incidência da medida (crimes apenados com reclusão[23]), ou relembrando o princípio da igualdade para reivindicar para a Defesa o direito de também postular a providência.

14) Sem embargo do valor dessas contribuições e da concordância com seus pressupostos e conclusões, a redução do papel da dogmática constitucional a instância auxiliar no processo de interpretação, integração e aplicação das regras da Lei 9.296/96 representa passo tímido quando o que está em jogo é a "política do direito" que deverá orientar os profissionais da área jurídica quanto ao âmbito de incidência da lei. E esta política, cumpre enfatizar, é a política da Constituição da República e não outra qualquer, derivada de propostas de controle da criminalidade, por melhores que sejam as intenções de seus executores.

---

[18] GOMES FILHO, Antonio Magalhães. *A violação do princípio da proporcionalidade pela Lei 9.296/96*, in Boletim IBCCRIM, ed. especial, 45 – agosto de 1996, p. 14.

[19] FERNANDES, Antonio Scarance. *Interceptações telefônicas: aspectos processuais da nova lei*, in Boletim IBCCRIM, ed. especial, 45 – agosto de 1996, p. 15.

[20] STRECK, Lênio. *Op. cit.*, p. 17.

[21] Artigo 2.º, inciso II, da Lei n.º 9.296/96.

[22] Sobre o tema proporcionalidade vale a leitura de: O princípio da proporcionalidade e o controle de constitucionalidade das leis restritivas de direitos fundamentais, de Suzana de Toledo BARROS, Brasília, Brasília Jurídica, 1996.

[23] Inciso III, do artigo 2.º, da citada lei.

15) Afirmar a prevalência da perspectiva constitucional significa dizer que todas as regras referentes à interceptação devem ser interpretadas e aplicadas não apenas em conformidade com a Constituição da República, mas, principalmente, com a metódica constitucional própria dos direitos fundamentais. Neste ponto reside a diferença entre as várias interpretações e propostas de aplicação da lei que regulamenta a inviolabilidade das comunicações telefônicas.

16) É preciso, pois, situar o problema. Cuidamos do regime dos direitos, liberdades e garantias. Mais: tratamos da restrição ao exercício desses direitos. Assim, é intuitivo admitir que será a metódica constitucional a base dogmática a servir de marco teórico, influenciando a aplicação de ferramenta jurídica cuja atuação nada mais é do que implementação dessas restrições.

17) Jorge Miranda realça lição elementar: as normas sobre direitos, liberdades e garantias têm caráter preceptivo e não programático, fundando-se na Constituição e não na lei[24]. E conclui asseverando que, segundo expressão bem conhecida da doutrina alemã, não são os direitos fundamentais que se movem no âmbito da lei, mas a lei que deve mover-se no âmbito dos direitos fundamentais. Em sua obra sobre crimes hediondos[25], e ao apreciar a matéria da vedação de liberdade provisória, Alberto Silva Franco ressalta ponto pacífico entre os constitucionalistas, como igualmente destaca o mestre português: o legislador ordinário *regulamenta* simplesmente as normas constitucionais auto-exeqüíveis e concretiza as não exeqüíveis[26].

18) O dever de subordinação à Constituição implica dever de conformação da atividade administrativa – e jurisdicional – pelos preceitos e princípios constitucionais[27]. Ainda de acordo com a lição de Jorge Miranda, "a vinculação dos tribunais aos preceitos constitucionais sobre direitos, liberdades e garantias traduz-se... na sua interpretação, integração e aplicação, de modo a conferir-lhes a máxima eficácia possível, dentro do sistema jurídico;" e "na não aplicação dos preceitos legais que

---

[24] MIRANDA, Jorge. Manual de Direito Constitucional, Tomo IV, Direitos Fundamentais, Coimbra, 1998, p. 276.
[25] FRANCO, Alberto Silva. Crimes Hediondos, 4ª edição, São Paulo, RT, 2000.
[26] MIRANDA, Jorge. *Op. cit.*, p. 278.
[27] *Idem*, p. 279.

os não respeitem, com os instrumentos e técnicas mais exigentes da apreciação da inconstitucionalidade material[28]". Coloque-se entre parêntesis que no Brasil os mecanismos de fiscalização da constitucionalidade das leis, de forma concentrada ou difusa, são centenários e não há mais que questionar sobre o controle judicial da razoabilidade das próprias leis, à luz da Constituição da República, por parte do Poder Judiciário, como função precípua desse Poder em face do dever de assegurar a legítima tutela aos direitos fundamentais[29].

19) Portanto, se a respeito das interceptações o **ponto de partida é a metódica constitucional**, cabe indagar como a dogmática constitucional, ancorada nos direitos fundamentais, lida com a restrição ao exercício destes direitos. Renove-se a advertência: **os limites e fronteiras de incidência da Lei n. 9.296/96 devem ser procurados no seio da própria Constituição da República e não fora dela, em políticas de governo conjunturais, ditadas por interesses político-partidários não necessariamente conformes ao citado programa constitucional**.

20) Assim, se é verdade que na hipótese de compressão do direito à inviolabilidade das comunicações telefônicas o primeiro limite é a reserva de lei, posto que é dessa maneira que a regra constitucional trata da matéria[30], esta reserva por sua vez está condicionada pelos mecanismos de restrição e suspensão do exercício de direitos fundamentais. Tornando a lançar mão da dogmática constitucional, é necessário acentuar, na linha preconizada por Jorge Miranda, que "onde a Constituição imponha reserva de lei, legalidade não implica somente *prevalência* ou *preferência* de lei, nem sequer *prioridade* de lei; traduz-se em sujeição de conteúdo dos atos administrativos e jurisdicionais aos critérios, aos valores,

---

[28] *Ibidem*, p. 283/4.
[29] BARROS, Suzana de Toledo. *Op. cit.*, p. 26. Esta autora sublinha exatamente isso, tal seja, que "a possibilidade de exame da razoabilidade da lei por parte do judiciário constitui importante mecanismo de proteção aos direitos fundamentais, porquanto a total liberdade do legislador para regulá-los tornaria pouco eficaz a cláusula de eternidade a que estão submetidos estes direitos em diversas ordens jurídicas, como é o caso da nossa (art. 60, §4.º, inc. IV).
[30] Artigo 5.º, inciso XII, da Constituição da República: "é inviolável o sigilo das correspondências e das comunicações telegráficas, de dados e das comunicações telefônicas, salvo, no último caso, por ordem judicial, nas hipóteses e na forma que a lei estabelecer para fins de investigação criminal ou instrução processual penal".

ao sentido imposto pela lei como ato legislativo; envolve, senão *monopólio normativo* (reserva absoluta), pelo menos *fixação primária de sentido normativo* (reserva relativa) pela lei[31]".

21) E a lei haverá de nos oferecer os indicativos claros acerca da restrição ao exercício desses direitos, forma de compressão que estará em oposição dicotômica com outros direitos fundamentais cujo exercício encontrar-se-á afetado pela, aparentemente, abusiva inviolabilidade das comunicações telefônicas! Não custa fixar que a própria Constituição da República estipula como tarefa necessária harmonizar a convivência entre direitos fundamentais, individuais e sociais, eventualmente em rota de colisão. A ponderação de bens e/ou interesses e a otimização, quando exigidas, estão ligadas ao conteúdo do direito fundamental, cujo núcleo há de ser preservado[32]. **Neste ponto, a restrição tratará da extensão objetiva do direito**, e isso não se pode perder de vista sob pena de, como veremos adiante, confundirmos (e fundirmos) categorias jurídicas constitucionais que se diferenciam em seus efeitos e campo de atuação, como é o caso da "restrição" e da "suspensão" do exercício de direitos fundamentais. Na perspectiva constitucional, a restrição afeta certo direito, envolvendo a sua compressão[33].

22) A restrição ao exercício de determinados direitos fundamentais, como categoria constitucional, alcançará todos quanto se encontrem na situação crítica prevista na Constituição da República, consoante dispuser a lei de regulamentação, como é o caso das interceptações telefônicas (pois nesta hipótese existe reserva de lei), limitando de modo provisório o exercício do direito sem, todavia, atingir intensamente o núcleo fundamental desse direito. A razão de ser da restrição é instrumental, ditada pela necessidade *provisória* de compatibilizar direitos fundamentais em rota de colisão. O sentido de provisoriedade há de ser percebido, como

---

[31] MIRANDA, Jorge. *Op. cit.*, p. 293.
[32] Assim é, claramente, na Constituição portuguesa que, em seu artigo 18 dispõe que a lei somente pode restringir os direitos, liberdades e garantias que estejam expressamente previstos na referida Constituição, desde que respeitadas as restrições no que concerne ao necessário para salvaguardar outros direitos ou interesses constitucionalmente protegidos. E acrescenta que as leis restritivas de direitos, liberdades e garantias não podem ter efeito retroativo, tampouco diminuir a extensão ou alcance do conteúdo essencial dos preceitos constitucionais.
[33] MIRANDA, Jorge. *Op. cit*, p. 297.

nota Ovídio Baptista da Silva[34], não só como aquilo que não seja definitivo no plano normativo, mas igualmente no plano da realidade fática. Por isso, cabe ao juiz analisar o caso concreto e decidir pela restrição das comunicações de determinada pessoa, *durante certo tempo*, preservando a intimidade e vida privada do sujeito passivo da cautela ao não transformar o **provisório de direito** em **irreversível (ou duradouro) de fato**[35].

23) Expressão ainda mais aflitiva no processo de contenção do exercício de direitos fundamentais é a suspensão. Com efeito, a **restrição atinge o direito** durante certo período, mas **seu alcance quanto à extensão do direito é apenas parcial**. **Enquanto a suspensão**, alerta Jorge Bacelar Gouveia, em seu estudo sobre o Estado de Exceção no Direito Constitucional e a Defesa da Constituição, **paralisa ou impede durante algum tempo o exercício do direito no todo**[36]. A investigação dos casos de suspensão de exercício de direitos fundamentais na Constituição da República está a demonstrar, a nosso juízo de maneira incontestável, aquilo que todos os constitucionalistas contemporâneos aceitam como algo acima de qualquer discussão: a importância de se assegurar o exercício de direitos fundamentais, universalmente, como modo de implementação de uma Constituição com vocação de pacto social[37]. Em síntese, o papel primordial das Constituições do pós-guerra consiste em reconhecer

---

[34] BAPTISTA DA SILVA, Ovídio. Do processo cautelar, Rio de Janeiro, Forense, 1999, p. 82.

[35] A diferença entre *provisório* e *temporário*, indispensável para a correta solução de todas as questões situadas no plano das cautelares, será aprofundada linhas adiante. Neste momento o que se quer é chamar a atenção para a *confusão* entre tutela cautelar com restrição ao exercício de direitos fundamentais e outra medida, a antecipação de tutela em área tão sensível, regida, não custa lembrar, pelo princípio da presunção de inocência (artigo 5.º, inciso LVII, da Constituição da República), assim como pela vocação de eternidade (expressão de José Eduardo Farias) de que gozam os direitos fundamentais. A presunção de inocência configura obstáculo instransponível à antecipação de tutela penal que tenha por objeto a limitação (em sentido *lato*) de direitos fundamentais com base, exclusivamente, no reconhecimento da responsabilidade penal do imputado. As cláusulas pétreas protegem os direitos fundamentais contra atentados orientados a suprimi-los.

[36] GOUVEIA, Jorge Bacelar. O Estado de Excepção no Direito Constitucional: entre a eficiência e a normatividade das estruturas de defesa extraordinária da Constituição, vol. II, Coimbra, Almedina, 1998, p. 299.

[37] Vide Celso Fernandes CAMPILONGO, em Direito e Democracia, São Paulo, Max Limonad, 1997, p. 88 e 124.

e estimular o exercício de um conjunto de direitos fundamentais que valorize a dignidade de que é portador todo ser humano[38]. Toda limitação a exercício de direitos fundamentais está fadada a durar um período preciso (não será válida à luz da Constituição da República se não for contida temporalmente[39]) e em grau de extensão atingirá o direito como todo (suspensão) ou somente parte dele (restrição), para a defesa do próprio Estado de Direito, resguardando-se as condições do pronto restabelecimento do exercício do direito fundamental **integralmente**, pois este Estado de Direito depende da normalidade para existir como tal!

24) Distinguir e fixar os contornos de restrição e de suspensão do exercício de direitos fundamentais, portanto, é central no tratamento das interceptações telefônicas, pois aqui concorrem dois discursos jurídicos antagônicos: de um lado a defesa da Constituição, concebida como defesa da dignidade da pessoa humana – para usarmos expressão consagrada por J. J. Gomes Canotilho, trata-se da idéia de uma Constituição **antropologicamente amiga**[40] –; de outro lado, a busca pela efetividade do Sistema Penal, quase sempre significando controle social repressivo/ /punitivo. Insista-se: aqui ainda nos referimos ao plano dos discursos jurídicos empregados como argumento pelos operadores para fundamentarem suas decisões[41]. Acreditamos que o terreno delimitado pelo con-

---

[38] Ingo Wolfgang SARLET sublinha que a dignidade humana é atributo de cada indivíduo. À ordem jurídica compete tão-só criar os meios de defesa ou valorização dessa dignidade, interditando as ações, do Estado e de particulares, que atentem contra ela. A dignidade da pessoa humana não é criação da ordem jurídica, pois que precede a esta ordem. Dignidade da Pessoa Humana e Direitos Fundamentais na Constituição Federal de 1988, Porto Alegre, Livraria do Advogado, 2001.

[39] Neste contexto compreende-se a simetria entre as regras excepcionais que suspendem o exercício de direitos fundamentais, em casos extremos, como será observado mais adiante, e a proibição de penas de caráter perpétuo prevista no artigo 5.º, inciso XLVII, alínea *b*, da Constituição da República.

[40] CANOTILHO, J. J. Gomes. Constituição dirigente e vinculação do legislador: contributo para a compreensão das normas constitucionais programáticas, 2ª edição, Coimbra, 2001 (prefácio).

[41] Para a compreensão da relevância do *embate discursivo* entre os sujeitos aptos a definirem o conteúdo e alcance de determinadas categorias jurídicas (tribunais, doutrinadores etc.), no plano do sistema penal, interrogando-se acerca da validade dos argumentos empregados, recomenda-se a leitura de As Teorias do Discurso (item 4.4), em Teoria do Injusto Penal, de Juarez TAVARES, Belo Horizonte, Del Rey, 2000, p. 79-92. Salienta este autor, em longa e competente análise das teorias do discurso aplicadas ao

fronto entre esses dois discursos, que aparecem em decisões que toleram mais ou menos a compressão à inviolabilidade das comunicações telefônicas, é o local de batalha e neste lugar as diversas ideologias do direito terminam sendo reveladas pela eleição do enunciado que carrega de contrabando o signo dessas ideologias.

25) Portanto, releva afirmar que no extremo a suspensão de um direito fundamental é regulada por duas idéias: a temporariedade, uma vez que o estado de exceção é fruto de uma situação emergencial e transitória[42]; e a defesa da própria Constituição da República. Voltando às lições de Ovídio Baptista da Silva, a temporariedade tem em comum com a provisoriedade a condição de não estarem voltadas a perdurar sem um ponto final predefinido. Distinguem-se, todavia, porque na temporariedade a transformação da situação de fato é irreversível, ou seja, ao contrário do caráter precário do que é provisório, o temporário aprofunda a modificação da situação de fato.

---

direito penal, que de uma das orientações pode-se extrair a idéia de que o discurso argumentativo ou teórico diz respeito, exclusivamente, à validade de uma norma, enquanto o discurso prático visa à sua aplicação (p. 79). Cuida-se, pois, de saber se a norma que limita a inviolabilidade das comunicações telefônicas, de acordo com as disposições da Lei n. 9.296/96, é válida e se o modo como está sendo concretizada (como toma corpo) também o é, além de aferir a adequação de sua aplicação. A questão está em que para determinadas teorias do discurso o critério para designar uma decisão como *verdadeira*, na sua adequação ao caso concreto, passa por indagar se essa decisão corresponde aos princípios que fundamentam o discurso ideal (p. 82). É evidente que pelas restrições peculiares ao trabalho sumaria-se ao extremo a posição de Juarez Tavares, deixando de fora da discussão outros importantes temas e argumentos empregados pelo referido autor. **O que se quer frisar é tão-só a impossibilidade de fundar uma decisão que, por exemplo, autoriza ilimitadas prorrogações de interceptações telefônicas, em argumentos de adequação, deixando de lado o principal, isto é, que toda adequação há de ser** *adequação à luz dos princípios constitucionais.* O mínimo que o discurso jurídico dessa natureza deve fazer é pesquisar na Constituição da República a existência de base para a prorrogação ininterrupta das interceptações telefônicas, consoante as normas que restringem o exercício de direitos fundamentais em seu nível máximo.

[42] Sobre este tópico recomendo a leitura de Processo Penal de Emergência, de Fauzi Hassan CHOUKR, Rio de Janeiro, Lumen Juris, 2002. Convém frisar ao fim e ao cabo que é a cultura de emergência que está apoiando a interpretação vencedora no Superior Tribunal de Justiça acerca das múltiplas prorrogações das interceptações telefônicas, sendo assim importante conhecermos as circunstâncias da ideação e difusão dessa cultura, no momento atual. A leitura do excelente texto de Fauzi Hassan Choukr é, pois, imprescindível.

26) Dito de outra forma e tomando como parâmetro a interceptação das comunicações telefônicas para fins de investigação criminal, preparatória, portanto, para o exercício da ação penal, o caráter provisório da providência caracteriza sua natureza cautelar. Diz-se que nesta hipótese a interceptação tem natureza cautelar, dirigida à apreensão e preservação de informações que serão úteis durante o processo principal (de conhecimento condenatório), porque durante período limitado a inviolabilidade das comunicações telefônicas de alguém estará afetada. A intimidade e vida privada da pessoa alvo da interceptação ficarão restringidas porque naquele curto período em que durar a medida o Estado, por intermédio das pessoas autorizadas judicialmente, será uma espécie de *fantasma* a acompanhar os passos do sujeito investigado.

27) Do efeito das escutas sobre a vida privada Manuel da Costa Andrade vai ressaltar que:

"a danosidade social qualificada das escutas telefónicas exprime-se sobretudo na circunstância de não ser tecnicamente possível limitar a escuta e a gravação aos elementos com relevo directo para o processo penal para que são concretamente ordenadas. Pela natureza das coisas, a clarificação de um crime pela via das escutas telefónicas pode atingir, para além dos suspeitos, com-participantes e encobridores, pessoas de todo em todo inocentes ou mesmo interlocutores de boa-fé".[43]

28) Ora, ao fim do prazo da escuta este sujeito é devolvido à condição de autonomia que está na base da dignidade da pessoa humana[44] e as informações apreendidas poderão ser empregadas no processo. Coisa distinta ocorre quando se trata de temporariedade. Veremos à frente que esta é a marca da suspensão de direitos nos Estados de Defesa e de Sítio (artigos 136 e 137 da Constituição da República brasileira e artigo 138 da Constituição portuguesa). Todavia, releva antecipar que não há perspectiva cautelar nesse tipo de intervenção. O propósito de suspender o

---

[43] ANDRADE, Manuel da Costa. Obra citada, p. 285.

[44] Acerca da autonomia e apreendendo como paradigma o direito à autodeterminação informativa, veja El derecho a la autodeterminación informativa y los retos del procesamiento automatizado de datos personales, de Winfried HASSEMER e Alfredo Chirino SÁNCHEZ, Buenos Aires, Del Puerto, 1997. Cumpre salientar, porém, com Costa Andrade (obra citada, p. 284), que *"a escuta telefónica consumará ou mediatizará normalmente o sacrifício da **autodeterminação sobre a informação**".*

exercício de direitos fundamentais está ditado à recuperação da normalidade institucional, prejudicada por ações concretas e territorialmente definidas que turbam essa normalidade[45]. O sacrifício do direito à inviolabilidade das comunicações telefônicas é absoluto e não atende a funções de preservação de provas. Cuida-se de prevenir danos, se possível, e evitar outros, tudo com o olhar voltado à recuperação da normalidade perdida. O *fantasma*, que é a interceptação, permanece ao lado do sujeito, obviamente sem que ele perceba, aguardando a oportunidade de agir para prevenir/evitar danos. O cunho de antecipação de tutela é, pois, evidente. A irreversibilidade dos efeitos é flagrante e está nos *cálculos* da Constituição da República, preocupada em restaurar a ordem democrática afetada por fatos graves e não controláveis pela via normal.

29) Ora, a suspensão do exercício de direitos fundamentais, em um estado social e democrático de direito, só tem sentido na defesa daquilo que a própria Constituição considera relevante, a preservação ampla, vale dizer, universal, do gozo desses direitos, afetada sobremaneira por uma situação de crise intensa. Neste contexto a Constituição portuguesa estabelece, em seu artigo 19, sobre a suspensão do exercício de direitos, o seguinte:

"*1. Os órgãos de soberania não podem, conjunta ou separadamente, suspender o exercício dos direitos, liberdades e garantias, salvo em caso de estado de sítio ou de estado de emergência, declarados na forma prevista na Constituição.*

2. O estado de sítio ou o estado de emergência só podem ser declarados, no todo ou em parte do território nacional, nos casos de agressão efectiva ou iminente por forças estrangeiras, de grave ameaça ou perturbação da ordem constitucional democrática ou de calamidade pública.

---

[45] Não custa lembrar que os crimes estão inseridos no ambiente social de normalidade. Não se trata de fatos *anormais* que estarão, via de regra, a justificar o abandono das normas clássicas do Estado de Direito para efetivar o seu controle. Uma leitura *anormal* do fenômeno criminal coincide com a perspectiva da denominada Escola Positivista de Direito Penal, de Ferri e outros, que redunda em respostas autoritárias. Uma visão distinta desse enfoque *amigo versus inimigo* poderá ser encontrada em Alessandro BARATTA, Criminologia crítica e crítica do direito penal, Rio de Janeiro, Revan, 1997.

3. O estado de emergência é declarado quando os pressupostos referidos no número anterior se revistam de menor gravidade e apenas pode determinar a suspensão de alguns dos direitos, liberdades e garantias susceptíveis de serem suspensos.

4. A opção pelo estado de sítio ou pelo estado de emergência, bem como as respectivas declaração e execução, devem respeitar o princípio da proporcionalidade e limitar-se, nomeadamente quanto às suas extensão e duração e aos meios utilizados, ao estritamente necessário ao pronto restabelecimento da normalidade constitucional.

5. A declaração do estado de sítio ou do estado de emergência é adequadamente fundamentada e contém a especificação dos direitos, liberdades e garantias cujo exercício fica suspenso, não podendo o estado declarado ter duração superior a quinze dias, ou à duração fixada por lei quando em consequência de declaração de guerra, sem prejuízo de eventuais renovações, com salvaguarda dos mesmos limites.

6. A declaração do estado de sítio ou do estado de emergência em nenhum caso pode afectar os direitos à vida, à integridade pessoal, à identidade pessoal, à capacidade civil e à cidadania, a não retroactividade da lei criminal, o direito de defesa dos arguidos e a liberdade de consciência e de religião.

7. A declaração do estado de sítio ou do estado de emergência só pode alterar a normalidade constitucional nos termos previstos na Constituição e na lei, não podendo nomeadamente afectar a aplicação das regras constitucionais relativas à competência e ao funcionamento dos órgãos de soberania e de governo próprio das regiões autónomas ou os direitos e imunidades dos respectivos titulares.

8. A declaração do estado de sítio ou do estado de emergência confere às autoridades competência para tomarem as providências necessárias e adequadas ao pronto restabelecimento da normalidade constitucional."

30) Em todas as Constituições democráticas, e a brasileira não é exceção, a suspensão de direitos opera na emergência, transitoriamente, e a sua decretação configura requisito indispensável de validade dos atos jurídicos de defesa constitucional praticados neste interregno. Bacelar Gouveia a respeito destaca que "de algum modo a preterição de um núcleo essencial de direitos fundamentais, construído em torno da dignidade da pessoa humana, se justificaria pela situação excepcional, marcada pela **limitação causal da sua decretação e pela temporariedade da mesma**[46]" (grifo nosso). Vale lembrar, na linha do citado estudo, de que há direitos fundamentais insuscetíveis de suspensão, em nome de sua importância corporificada pela dignidade da pessoa humana. Neste caso as **razões de poder** não funcionam[47].

31) Deste modo, suspender o exercício de direitos fundamentais não é tarefa do discurso jurídico-penal de índole repressiva. De acordo com a metódica constitucional que preside a interpretação, integração e aplicação das regras que limitam direitos fundamentais, **a suspensão de certos direitos fundamentais é tarefa exclusiva de determinados sujeitos políticos, assim autorizados pela Constituição da República, em casos limitados previstos na própria Constituição e de acordo com o devido processo legal-constitucional igualmente previsto na mencionada Carta.** A tensão social e o sentimento difuso de insegurança não autorizam juízes a se sobreporem ao Presidente da República e ao Congresso Nacional, na forma prevista nos artigos 136 e 137 da Constituição da República brasileira, e decretar nos casos concretos esse "estado de defesa social", com supressão temporária do exercício de alguns direitos fundamentais. Eis situação em que é flagrante o decisionismo judicial, marca indelével de sistemas inquisitórios, consoante lição permanente de Luigi Ferrajoli[48].

32) Nesta hipótese, a ausência de legitimidade do juiz é evidente e não o socorre suposta interpretação da lei a, aparentemente, permitir a compressão de direitos fundamentais sob a forma dissimulada de restrição. Mais uma vez recorrendo a Jorge Miranda há de ser destacado que tal maneira de compreender e aplicar a lei contradiz a base dogmática que regula a matéria. Citando de forma expressa o mencionado professor, "A regulamentação (do exercício do direito fundamental pela lei) pode

---

[46] GOUVEIA, Jorge Bacelar. *Op. cit.*, p. 1494.
[47] *Idem*, p. 1495.
[48] FERRAJOLI, Luigi. Derecho y razón..., *op. cit.*, p. 40-44.

conduzir à ampliação dos direitos na base da cláusula aberta[49]..., nunca pode reverter, sob pena de desvio de poder legislativo, em restrição[50]". **As leis restritivas devem ter uma determinada estrutura que controle e evite esse desvio.**

33) Renove-se a preocupação em nomear claramente categorias jurídicas, diferenciando restrição e suspensão do exercício de um específico direito fundamental, que se trata da inviolabilidade das comunicações telefônicas, e registrar como se desliza para a confusão entre conceitos por força de uma espécie de sedução gerada pelos modernos aparatos tecnológicos. Nessa linha são preciosos os ensinamentos e a advertência de Hassemer e Chirino Sánchez, que alertam para o fato de que:

"se a técnica continua seu progresso e a nossa consciência normativa não cresce e se mantém em seu atual nível de análise de custo-benefício, perderemos em poucos anos nossos últimos espaços de privacidade em troca da proteção contra o delito ou em troca de uma forma pagável de domínio sobre os problemas sociais. Com isto temos chegado ao ponto. Não é só o medo ante os riscos o que determina o direito à proteção de dados pessoais, é também o poder de sedução das tecnologias de comunicação e informação, com as quais devemos contar".[51]

34) A interceptação das comunicações telefônicas por tempo indeterminado, independentemente de ser prospectiva[52], tal seja orientada a descoberta de crimes que ainda serão praticados, ou de ter índole cautelar (apenas no discurso), voltada à aquisição de informações sobre delitos já realizados e investigados, resulta na quase irresistível sedução que os modernos mecanismos de captação das conversas telefônicas proporcionam. Ocorre que enquanto durar a medida não existirá privacidade alguma para o investigado. Sempre é possível crer que "algo mais será dito" e que, em virtude disso, é *razoável* expandir a captação das

---

[49] Artigo 5.º, §2.º, da Constituição da República: "Os direitos e garantias expressos nesta Constituição não excluem outros decorrentes do regime e dos princípios por ela adotados, ou dos tratados internacionais em que a República Federativa do Brasil seja parte".
[50] MIRANDA, Jorge. *Op. cit.*, p. 298.
[51] HASSEMER, Winfried e CHIRINO SÁNCHEZ, Alfredo. *Op. cit.*, p. 17.
[52] O que não deve ser admitido em um processo penal democrático.

conversas telefônicas. O emprego da técnica na investigação de crimes violentos, ou derivados da criminalidade organizada, nacional ou transnacional, ou ainda de crimes socioeconômicos cujos autores não são aqueles, a rigor, selecionados pelo Sistema Penal acentua a sedução e parece justificar a medida. Isso, porém, não pode encobrir o que realmente ocorre: **a supressão da intimidade do investigado**. Essa intimidade e, mais, a inviolabilidade das suas comunicações telefônicas são direitos fundamentais! A restrição do exercício desses direitos por óbvio está autorizada pela própria Constituição da República. A supressão temporária só o estará nas formas e casos definidos por essa mesma Constituição.

35) Mais uma vez Manuel da Costa Andrade salientará o caráter excepcional da intervenção restritiva de direitos que se caracteriza pela escuta telefônica, cujo regime a Constituição portuguesa indicia em seu artigo 34.º, 1 e 4. Neste campo, sublinha o referido jurista, *"no imperativo da fidelidade estrita ao paradigma da ponderação legalmente codificada... residirá uma razão decisiva em abono da exigência de uma **interpretação restritiva** das normas atinentes às escutas telefónicas"*.[53]

36) Disso é possível extrair os elementos a serem empregados no procedimento de interpretação, integração e aplicação da Lei n. 9.296/96. A referida lei brasileira não pode – e seus intérpretes não devem admitir – compressão ao sigilo das comunicações telefônicas em grau de restrição superior ao do estado de defesa (artigo 136, §1.º, I, *c* e §2.º, da Constituição da República). Dita a Constituição da República brasileira, nos dispositivos mencionados:

"Do estado de defesa.
Art. 136. O Presidente da República pode, ouvidos o Conselho da República e o Conselho de Defesa Nacional, decretar estado de defesa para preservar ou prontamente restabelecer, em locais restritos e determinados, a ordem pública ou a paz social ameaçadas por grave e iminente instabilidade institucional ou atingidas por calamidades de grandes proporções na natureza.
§1.º. O decreto que instituir o estado de defesa determinará o tempo de sua duração, especificará as áreas a serem abrangidas e indicará,

---

[53] ANDRADE, Manuel da Costa. Obra citada, p. 286.

nos termos e limites da lei, as medidas coercitivas a vigorarem, dentre as seguintes:

I – restrições aos direitos de:

...

c) sigilo de comunicação telegráfica e telefônica;

...

§2.º O tempo de duração do estado de defesa não será superior a trinta dias, podendo ser prorrogado uma vez, por igual período, se persistirem as razões que justificaram a sua decretação."

37) De salientar aqui a distinção entre o tratamento dispensado à matéria pelas Constituições do Brasil e de Portugal. É que se observa do artigo 19.º, 5, da Constituição portuguesa, sobre o estado de emergência, que este somente poderá ser declarado por quinze dias, **sem prejuízo, porém, de eventuais renovações**. Enquanto a Constituição brasileira não permite que o estado de defesa perdure por mais de sessenta dias, considerando-se, desde logo, o período de prorrogação.

38) A possibilidade de reiteração da declaração do estado de emergência, em Portugal, ao nosso juízo importa em desafiar os tribunais portugueses a construir os limites à interceptação/escuta telefônica com recurso à proporcionalidade, na esteira do que está previsto no artigo 18.º da Constituição da República portuguesa, pois não há limite máximo de tempo previamente definido, ao contrário da Constituição brasileira[54].

39) Ainda à luz do antigo paradigma do texto revogado do Código de Processo Penal português não é outra a posição de José Mouraz Lopes, que remete a solução à adoção do postulado da proporcionalidade. Para o autor:

"A restrição temporal exige-se, por um lado tendo presente o princípio da proporcionalidade subjacente à própria admissibilidade do meio de obtenção de prova em causa, mas também pela necessidade de o juiz acompanhar, não em tempo real, mas com um mínimo de segurança, a operação de interceptação".[55]

---

[54] Para efeito de examinar a constitucionalidade do preceito dispositivo do artigo 187.º, 6, do Código de Processo Penal remeto aos itens 55 e 56 deste ensaio.

[55] LOPES, José Mouraz. Escutas telefónicas: seis teses e uma conclusão. **In:** *Revista do Ministério Público*, Ano 26, out-dez 2005, n.º 104, p. 148.

40) Assim é que ao tempo em que a Constituição brasileira articula este vínculo de tempo entre suspensão e restrição ao exercício de determinados direitos fundamentais, a partir do tratamento deferido ao estado de defesa, a mesma premissa apenas pode ser extraída da Constituição portuguesa de maneira indireta. Isso se faz a se considerar a prevalência dos direitos fundamentais, o caráter excepcional da restrição ao seu exercício e a profundidade da interferência na intimidade e vida privada das pessoas sujeitas à escuta/interceptação.

41) O limite temporal – o tempo máximo de duração – das escutas/ /interceptações telefônicas no Brasil não poderá ser superior a sessenta dias, porque este é o limite estabelecido para a medida na hipótese excepcional de decretação do estado de defesa. Esta orientação está dirigida ao Congresso Nacional. Trata-se de barreira à adoção de outro critério no caso de edição de novas leis.

42) Penso eu que à luz da disciplina da lei atual este tempo, todavia, será o de trinta dias. Assim é porque esta norma jurídica de restrição ao exercício de direitos fundamentais deve ser interpretada restritivamente, consoante reiteradamente foi destacado ao longo da exposição.

43) A decisão do Superior Tribunal de Justiça brasileiro afirma que a interceptação telefônica deve perdurar pelo tempo necessário à completa investigação dos fatos delituosos e o prazo de duração da interceptação deve ser avaliado pelo Juiz da causa, considerando os relatórios apresentados pela polícia. Ora, aceitar como no acórdão a violação ao sigilo das comunicações telefônicas por mais de sessenta dias configura contra--senso em comparação com a mesma medida em defesa da Constituição da República, em caráter excepcional. **Supor que o mais grave estado de instabilidade social deve ser tratado com medidas mais brandas que as dirigidas ao controle da criminalidade comum, ainda que envolvida em crimes violentos, praticados por organizações criminosas ou contra a ordem econômica, não é razoável!** O que pode parecer adequado quando analisado isoladamente perde essa condição se colocado diante das demais regras constitucionais com as quais deve harmonizar-se.

44) E a tese central deste trabalho é justamente essa: não são juridicamente válidas as interpretações relativas à restrição de direitos fundamentais que busquem a sua fundamentação em outra área, salvo na própria Constituição da República. O discurso jurídico-penal que se nutre de considerações acerca do controle da criminalidade é legítimo. Afinal de contas, é a Constituição da República que promete segurança a todos os indivíduos, sem distinção de qualquer natureza. No entanto, este discurso é inadequado quando se trata de configurar os limites ao exercício de direitos fundamentais. Estes limites estão dados na Constituição e se dirigem ao legislador, de modo a conformar a sua atuação, bem como também são ditados ao juiz. Como assevera Perfecto Andrés Ibáñez, "a Constituição impõe uma leitura crítica daquela (referindo-se à lei), mas tal leitura deverá ser intelectualmente honesta, rigorosa no uso das normas do discurso racional e técnico-jurídico e dotada do máximo de transparência na justificação[56]".

45) Nessa perspectiva o artigo 5.º da Lei n. 9.296/96 encontra a medida de sua racionalidade, ao dispor que o prazo da interceptação não poderá exceder a quinze dias, "renovável por igual tempo uma vez comprovada a indispensabilidade do meio de prova[57]". É interessante observar que a expressão usada para delimitar o tempo de duração da interceptação por si só denota o caráter excepcional que a regulamentação de restrição ao exercício de direito fundamental há de ter. Utiliza-se a expressão "não poderá exceder". É visível aí, ao nosso juízo, o caráter limitativo desse meio de captação de informações! Ao contrário de outras regras que fixam prazos em procedimento penal, na hipótese legal optou-se por indicação clara da natureza excepcional. Não poderá exceder significa *o prazo final é esse, pois reconheço a gravidade dessa intervenção na esfera das comunicações do indivíduo investigado*! É como se a lei explicitasse dessa maneira sua condição excepcional.

46) Quando confrontamos essa **razão legal** (razão significando fundamento ou base) com as marcas insuperáveis do estado de defesa – quebra do sigilo das comunicações telefônicas por trinta dias, prorrogável por mais trinta, uma só vez – torna-se compreensível a impossibilidade de uma interpretação distinta que esteja em conformidade com a Cons-

---

[56] ANDRÉS IBÁÑEZ, Perfecto. Garantia judicial dos direitos humanos, Separata da Revista do Ministério Público n. 78, Lisboa, 1999, p. 16.

[57] O teor literal do artigo é o seguinte: A decisão será fundamentada, sob pena de nulidade, indicando também a forma de execução da diligência, que não poderá exceder o prazo de quinze dias, renovável por igual tempo uma vez comprovada a indispensabilidade do meio de prova.

tituição. E isso é ainda mais acentuado se entendermos o direito como criação do homem, conseqüência de sua história[58]. A história brasileira dos estados de exceção é por todos conhecida e se quiséssemos ficar apenas com os relatos da República isso já seria o suficiente para admitirmos a máxima cautela no emprego de limitações aos direitos fundamentais. O estado de crise permanente foi usado como *argumento competente*, durante longo período, para reduzir a eficácia de direitos básicos da cidadania e conspirar contra valores elementares da república e da democracia. Por isso os cuidados tomados na Constituição da República de 1988!

47) Da mesma maneira, convém tratar de impor limites ao discurso que converte a jurisdição penal de jurisdição em sentido estrito, dirigida pelo princípio do juiz natural e exercida com imparcialidade, em ferramenta de apoio às políticas públicas de controle da criminalidade. A elástica interpretação de determinadas limitações ao exercício de direitos fundamentais, proporcionando o sacrifício desses direitos pela irreversibilidade dos danos causados pela execução concreta da limitação (que se traduz em verdadeira suspensão), é facilitada por novo desvio de interpretação da Constituição da República. Retira-se do horizonte do juiz o cenário que lhe construiu a Constituição, tal seja, o de dirigir o processo judicial de apuração de infrações penais com imparcialidade e decidir motivadamente, à luz das provas que as partes produzirem, e se coloca no lugar o papel de auxiliar do Executivo, a realizar a tarefa de garantir a segurança da população.

48) O desprezo (não intencional) pela metódica constitucional ganha foro de *normalidade* em semelhante situação, mas convém deixar claro que a política de segurança pública gera, entre outros efeitos, providências concretas que conduzirão pessoas a julgamento, acusadas da prática de infrações penais. Ora, servir ao Executivo nesse contexto é transformar o Poder Judiciário em parte no processo criminal, deslocando-o de sua posição central, de sujeito imparcial, contra indiscutível mandamento constitucional (artigo 5.º, incisos XXXVII e LIII[59]). Fauzi Hassan Choukr

---

[58] Vide J. J. Calmon de PASSOS. Direito, poder, justiça e processo: julgando os que nos julgam. Rio de Janeiro, Edição Revista Forense, 1999, p. 9.
[59] Inciso XXXVII: não haverá juízo ou tribunal de exceção; inciso LIII: ninguém será processado nem sentenciado senão pela autoridade competente.

assinala o uso simbólico do sistema repressivo[60] e aqui queremos frisar que uma das conseqüências disso, na atualidade, é transformar a representação que o juiz tem de seu próprio papel. Essa idealização equivocada por certo está motivada pela crise real nas grandes cidades brasileiras e pelo já falado sentimento difuso de insegurança que tem base nos fatos concretos do cotidiano. Nem por isso deixa de ser inaceitável tendo em vista a Constituição.

49) É oportuno, portanto, relembrar a lição de Manuel da Costa Andrade, que sugere que o controle da criminalidade pelo Estado deve obedecer a padrões éticos definidos pela Constituição, não sendo lícito obrar com a Constituição, flexibilizando-a indevidamente[61]. Espera-se do juiz que seja garantidor dos direitos fundamentais. Ao analisar o caso espanhol, pós-transição para a democracia, Perfecto Ibáñez assinala que nos juízes, em geral, calou fundo a consciência do reforço do seu próprio poder que deriva da Constituição democrática. Acrescenta, porém, "não estou tão seguro de que o tenha feito de igual forma a idéia de que esse poder só tem sentido como independência de uma determinada natureza e para um só fim: **dotar de eficácia a jurisdição** – que é atividade do caso concreto – **como função de garantia dos direitos fundamentais**. Nisto, quer dizer, na garantia dos direitos fundamentais (prestação de um *serviço público*), assente na independência (*poder*), se resume o papel constitucional da jurisdição[62]" (grifo nosso).

50) O resultado da aplicação da tese deste trabalho ao acórdão citado no início consiste em concluir que a solução encontrada pelo tribunal, admitindo sucessivas prorrogações de interceptações telefônicas, no lugar de definir o prazo máximo de trinta dias (quinze dias, prorrogável uma vez por mais quinze), como única interpretação do artigo 5.º da Lei n. 9.296/96 conforme a Constituição, equipara a restrição (provisória) do direito à inviolabilidade das comunicações telefônicas à suspensão (temporária) do sigilo das mencionadas comunicações, tratando mais gravemente situação jurídica que por expressa previsão constitucional não é equiparável em gravidade àquelas que estão sujeitas ao estado de defesa (artigo 136 da Constituição da República). Fere-se o princípio da

---

[60] CHOUKR, Fauzi Hassan. *Op. cit.*, p. 46 e seguintes.
[61] ANDRADE, Manuel da Costa. Obra citada, p. 15.
[62] ANDRÉS IBÁÑEZ, Perfecto. *Op. cit.*, p. 21.

razoabilidade e se afasta da interpretação sistemática da Constituição, concedendo primazia à função de segurança pública em detrimento do papel assinalado ao juiz pela Carta de 1988, tal seja, o de garantidor dos direitos fundamentais.

51) A Lei n.º 48/2007, que alterou o Código de Processo Penal português, no vazio normativo da Constituição optou por definir em três meses o tempo máximo de duração das escutas telefônicas. Estipulou, concomitantemente, a possibilidade de renovação deste prazo por períodos sujeitos ao mesmo limite. Não impôs, porém, prazo fatal após o que estaria vedada a escuta/interceptação.

52) A cláusula determinante sobre a necessidade da medida, em nossa opinião, não serve ao propósito de restringir este meio de obtenção de provas. Aqui o cuidado é outro. Trata-se de averiguar os pressupostos materiais da interceptação, que são em lição de Manuel da Costa Andrade: a) a previsão em rol expresso ("crimes de catálogo"); b) indícios significativos de autoria; c) caráter subsidiário da escuta ordenada na impossibilidade de se averiguar o fato criminoso de outra maneira; d) pertinência subjetiva das escutas, de sorte a limitar o âmbito de pessoas cujas conversas serão compulsoriamente ouvidas e registradas à sorrelfa[63].

53) Tais pressupostos, portanto, nada ter a ver com o tempo de duração da medida. Eles sempre deverão estar presentes. Quando tais pressupostos não podem ser verificados a medida configura constrangimento ilegal. É certo, ainda, que se o próprio Código de Processo Penal português atenua as exigências de controle da persistência dos pressupostos, controle que está no âmbito de competência do juiz, a lei incide em inconstitucionalidade. Neste sentido o Acórdão do Tribunal Constitucional 528/03, que reconheceu[64] a inconstitucionalidade da interpretação ao artigo 188.º, 1, do Código de Processo Penal português, na redação anterior ao DL n.º 320-C/2000, que havia admitido como válido o fato de os autos de interceptação só terem chegado ao conhecimento do juiz trinta e oito dias depois do início da execução da providência.

---

[63] ANDRADE, Manuel da Costa. Obra citada, p. 289/292.

[64] Na linha perspectivada pelo acórdão de 25 de setembro de 2001, pelo Tribunal Europeu de Direitos Humanos, no caso *PG e JH v. Reino Unido*.

54) Isso, todavia, não impede de se considerar excessiva a devassa mesmo quando ordenada e acompanhada, imediatamente, pelo juiz, na presença de tais pressupostos. O ponto central reside em reconhecer que escutas/interceptações telefônicas de longa duração por si só afetam de forma desproporcional o **conteúdo essencial do preceito constitucional que assegura a inviolabilidade das comunicações telefônicas**!

55) Admitindo-se, à partida, a relação assimétrica, em desfavor da restrição ao direito fundamental, entre a inviolabilidade prevista no artigo 34 da Constituição da República portuguesa, e a suspensão do mesmo direito, que está definida no estado de emergência (artigo 19), pode-se, porém, reconhecer que o prazo de três meses previsto no Código de Processo Penal é excessivo e desproporcional. Basta compará-lo ao período de quinze dias, de que trata o estado de emergência!

56) Reavivando o ponto, nas palavras de J. J. Gomes Canotilho e Vital Moreira[65], o registro chave do regime constitucional do estado de exceção constitucional é a normalidade constitucional! E o crime, premissa para a investigação que irá se alicerçar na escuta telefônica, conforme o caso, não se insere em um quadro de anormalidade. Isso ficou registrado.

57) À luz do aqui exposto e, sem dúvida, desafiando as interpretações que operam moduladas pela sensação de risco social atribuída à criminalidade grave, há de sustentar que, malgrado possível que se renove o prazo da escuta/interceptação telefônica, várias vezes, no caso português o limite de tempo para cada escuta não poderia superar quinze dias. O limite de oportunidades de renovação também haveria de ser estabelecido em consideração ao caráter prevalente do direito à intimidade. Fora disso corre-se o risco de inverter as coisas e dar ao excepcional a natureza de normalidade.[66]

---

[65] CANOTILHO, J. J. Gomes e MOREIRA, Vital. Constituição da República Portuguesa Anotada, vol. 1, 4ª ed. portuguesa revista, São Paulo, Coimbra/RT, 2007, p. 401.

[66] Convém destacar, no que concerne ao direito espanhol, cuja regra sobre a matéria está disciplinada no artigo 579 da LEC, que o Tribunal Europeu de Direitos Humanos, ao decidir em 18.02.2003 o caso *Prado Bugallo v. Spain*, deliberou pela necessidade de delimitação suficiente do alcance da interceptação telefônica. Esta decisão está referida no já mencionado HC76 686/PR, impetrado por Cezar Roberto Bitencourt e outros (nota 5). Consultado em 15 de junho de 2008 na página eletrônica http://www.gddc.pt/direitos-humanos/sist-europeu-dh/Sum%E1rios%202003.pdf.

Outras considerações sobre a lei brasileira (n. 9.296/96)

58) Nos itens subseqüentes serão considerados alguns aspectos que decorrem da aplicação da Lei n. 9.296/96, ainda na esfera de sua interpretação conforme a Constituição, todavia sem o propósito de esgotar o tema. O objetivo é tão-somente conferir um mínimo de sistematização às idéias publicadas em palestras ou textos de difícil acesso. A análise, portanto, será pontual, sem a preocupação de abrangência que caracteriza os comentários à lei, artigo por artigo, e procurará enfrentar questões sobre as quais a doutrina ou a jurisprudência, ou ambas, não firmaram consenso.

59) O ponto 1 da análise refere-se ao bem jurídico tutelado pela regra constitucional, cuja restrição configura o objeto da Lei n. 9.296. Temos que a tutela constitucional dirige-se à inviolabilidade das comunicações, no caso as telefônicas e de dados. Segue-se neste aspecto o ponto de vista do jurista espanhol Juan Montero Aroca[67]. A tutela da intimidade constitui reflexo da proteção das comunicações telefônicas, traduzindo-se isso pelo **direito autônomo** que as pessoas jurídicas têm de preservar seus dados e informações que fluem por sistemas de telefonia.

60) A especificidade da proteção constitucional não deve constituir surpresa, pois a tecnologia que viabiliza a comunicação representa um modo próprio de realização dessa comunicação que, ao fim e ao cabo, poderá inserir-se no âmbito da intimidade da pessoa investigada ou no da esfera de negócios de uma empresa cujas comunicações se encontrarem monitoradas, todavia encontra abrigo na Constituição da República por si mesma. A inviolabilidade do domicílio é objeto de proteção constitucional e de há muito não se exclui dessa tutela espacial, indispensável à vida em liberdade, o lugar onde "se ocupa espaço próprio, para uso pessoal ou para negócios, oficina, escritório...[68]". Da mesma maneira não é neces-

---

[67] MONTERO AROCA, Juan. La intervención de las comunicaciones telefónicas en el proceso penal (un estudio jurisprudencial), Valencia, Tirant lo Blanch, 1999, p. 43. Lenio Streck, por exemplo, assevera que o dispositivo constitucional protege a privacidade, o que, a nosso juízo, nem sempre será verdadeiro, salvo se considerarmos que as pessoas jurídicas também têm seu espaço de privacidade, independentemente da intimidade dos sócios, empregados ou pessoas a elas vinculadas (*op. cit.*, p. 18).

[68] MIRANDA, Pontes. Comentários à Constituição de 1967 com a emenda n. 1 de 1969, tomo V, Rio de Janeiro, Forense, 1987, p. 185-187.

sário recorrer ao conceito de intimidade, que termina indiretamente colocado sob o manto da tutela, porém como conseqüência de se preservar a inviolabilidade das comunicações telefônicas. Não é indicado remeter à intimidade e vida privada a tutela em questão, pois na prática é cada vez mais comum dirigir-se a pretensão de restrição a linhas telefônicas não residenciais. Definindo-se corretamente o bem sob a tutela da Carta de 1988, os juízes terão melhores condições de aferir se, no caso concreto, a limitação é justificável ou caracteriza inaceitável desvio e abuso de poder.

61) Com isso não se quer excluir da concreta vigilância telefones de empresas. Afirma-se, tão-só, que a natureza excepcional da restrição às comunicações telefônicas emerge mais visível, a exigir intenso controle sob pena de desvio de função. Ao pretexto de investigar alguém, a execução da ordem poderá possibilitar o tráfico de informações e a corrupção. A obviar esta *patologia* a solução é o rigoroso controle no deferimento e acompanhamento na execução. O controle minucioso, seguido da transcrição ou audiência de todas as gravações que decorrerem da interceptação, como condição para prosseguimento da diligência, afigura-se imprescindível na espécie, do mesmo modo que a definição prévia do suspeito a ser investigado por esse meio, ainda quando desconhecidos seus dados de qualificação (vide artigo 41 do Código de Processo Penal). A impossibilidade técnica de transcrição das conversas captadas na interceptação – ou a impossibilidade de audiência pelo juiz dessas conversas, devidamente gravadas – impede o juiz de verificar o que, de fato, dizem as pessoas que estão sob monitoramento. Ora, nestas circunstâncias Montero Aroca sublinha que o decreto de prorrogação das interceptações converte a autoridade policial em juiz da causa[69], pois transfere para aquela o poder de afirmar a existência dos indícios indispensáveis à manutenção do controle[70].

62) O segundo ponto a ser enfrentado diz respeito ao conceito de interceptação. Nisso, acreditamos que doutrina e jurisprudência estipularam espaço de consenso. Não há dúvida de que interceptação refere-se à captação da conversa telefônica entre dois ou mais interlocutores (ou dos

---

[69] MONTERO AROCA, Juan. *Op. cit.*, p. 92-94.
[70] Vale lembrar que isso, posteriormente, permitirá ao Ministério Público e à Defesa apreciarem o material colhido, de sorte a poder empregá-lo no processo.

dados transmitidos por esse via ou meio análogo) por terceira pessoa, sem o conhecimento de qualquer deles. A escuta telefônica, por sua vez, é a mesma captação, salienta a doutrina, feita por terceiro, porém com a anuência de um dos interlocutores.

63) Não há ilicitude na gravação de conversa telefônica por um dos interlocutores e assim também na sua divulgação sem o consentimento do outro, desde que haja justa causa para a conduta[71]. Os familiares que negociam o preço do resgate por telefone com os agentes podem legitimamente gravar a conversa e a gravação será admitida no processo. O sigilo se dissipará e a prova produzida dessa maneira será válida. A decisão do Supremo Tribunal Federal sobre a matéria é paradigmática e não merece reparo.

64) A questão da ilicitude começará a ser colocada quando: a) a tratar-se de interceptação e esta não for autorizada por juiz, na forma da Lei n. 9.296/96[72]; b) autorizada judicialmente, vier a ser empregada como meio de prova em processo distinto daquele para o qual foi originalmente autorizada.

65) É necessário fixar desde logo que a interceptação das comunicações telefônicas terá em regra natureza jurídica cautelar, voltada à aquisição e preservação de provas. Isso, porém, será a regra, como sublinhado, quando a interceptação for determinada no curso de uma investigação criminal. De outro modo, decretada no desenvolvimento do processo penal, a natureza jurídica da interceptação será de meio de prova, submetendo-se de imediato ao contraditório[73]. Nos dois casos é o juiz, e

---

[71] HC 74.678-1/SP, da Primeira Turma do Supremo Tribunal Federal, rel. Ministro Moreira Alves, paciente Luiz Marcos Klein, julgado em 10 de junho de 1997.

[72] No atual estágio é dispensável o debate sobre a não recepção do Código Brasileiro de Telecomunicações, que deu ensejo às decisões do Supremo Tribunal Federal que mudaram o foco da matéria e obrigaram o legislativo a dar a luz à lei sob comento. Sobre o assunto convém ler: GOMES, Luiz Flávio e CERVINI, Raúl. Interceptação telefônica, São Paulo, RT, 1997; e GRECO FILHO, Vicente. Interceptação telefônica, São Paulo, Saraiva, 1996.

[73] Tem razão Lenio Streck ao postular para a Defesa, durante o processo, legitimidade e interesse em requerer ao juiz a interceptação de comunicação telefônica de terceiro, suspeito da prática do delito atribuído ao réu, ou de ter mentido em juízo para prejudicar o acusado (*op. cit.*, p. 62-3). A desigualdade tratamento não encontra arrimo na Constituição da República e revela, uma vez mais, a distorção que contaminou em alguma medida o projeto, submetendo a dogmática constitucional ao controle funcional

somente ele, a quem a Constituição reserva o poder de restringir as comunicações telefônicas de alguém, para fins de prova em investigação criminal ou instrução processual penal. Como a reserva jurisdicional de função se exerce na esfera do devido processo legal cautelar, de conhecimento ou de execução, a realidade é que sob nenhum pretexto e em nenhuma hipótese a autoridade administrativa (e as Comissões Parlamentares de Inquérito) poderá determinar a quebra da inviolabilidade telefônica, incluindo aí os dados decorrentes desse meio de comunicação[74]. Trata-se de poder indelegável[75].

66) Algumas conseqüências advêm desse fato. Em primeiro lugar, o juiz há de ser competente. Cuida-se da regra do juiz natural. Em outra passagem afirmamos que o princípio do juiz natural há de recuperar entre nós o *status* de que gozava em seu momento inicial, quando concebido em 1215, na Magna Carta inglesa. Postula-se não só a exclusão de juízes e tribunais instituídos *ex post facto* e a fixação prévia da competência por lei produzida pelo Congresso ou pelas Assembléias Estaduais, conforme o caso, como ainda a garantia de que o indivíduo (ou grupo de indivíduos) encarregado de julgar atue imparcialmente[76].

---

de mecanismos processuais penais orientados ao fortalecimento da posição do Estado-parte neste processo. Vide também DELMANTO, Roberto e DELMANTO Jr., Roberto, em A permissão constitucional e a nova lei de interceptação telefônica. Boletim IBCCRIM n. 47, outubro de 1996, p. 2.

[74] Em que pese este ponto de vista, compartilhado pela maior parte da doutrina constitucional, em 29 de setembro último o Supremo Tribunal Federal decidiu mandado de segurança, no chamado Caso BANESTADO (MS 24749/DF, rel. Ministro Marco Aurélio, publicada em 06 de outubro de 04), compreendendo entre os poderes da CPI a quebra do sigilo telefônico e telemático dos investigados. Na decisão, por enquanto acessível por notas taquigráficas, assinalou-se ainda que a CPI está dispensada de "fundamentação exaustiva, equiparável à exigida dos órgãos judiciais". Também neste ponto acreditamos que a tolerância com o dever de fundamentar a restrição ao exercício de direitos fundamentais constitui está em contradição com a Constituição. Uma coisa é fundamentar a partir de informações não submetidas ao contraditório. A cautelar *inaudita altera pars* tem essa característica, pois a urgência da situação e a necessidade de não se dar conhecimento à parte contrária do ato que se estará praticando justificam o cuidado, com vistas ao sucesso da medida. A cognição desse modo é superficial. A fundamentação não! Consulta: Informativo Supremo Tribunal Federal n. 363, de 27 de setembro a 01 de outubro de 2004.

[75] Veja-se a respeito a posição de MONTERO AROCA (*op. cit.*, p. 105).

[76] PRADO, Geraldo. *Duplo grau de jurisdição no processo penal brasileiro: visão a partir da Convenção Americana de Direitos Humanos em homenagem às idéias de*

67) E a atuação imparcial deve ser tomada em conta, como sublinha Aury Lopes Jr., no sentido de bloquear pré-juízos ou prejulgamentos. Vale reproduzir literalmente a lição deste autor: "A imparcialidade fortalece a imparcialidade, pois o não ser parte contribui definitivamente para atuar com isenção de ânimo. Nesse sentido, a estrutura triangular do processo judicial consagra um sistema de separação do juiz em relação às partes ativa e passiva, mantendo uma separação orgânica entre ele e os órgãos privados ou públicos de acusação e de defesa. Com isso, o juiz está suprapartes, como um terceiro completamente alheio ao interesse discutido. **Em sentido contrário, quando chamado a realizar autênticos atos de parte ou ainda a decidir previamente, coloca-se em risco a garantia da imparcialidade**[77]" (grifo nosso). O juiz competente para decidir sobre a matéria é, sem dúvida, juiz criminal. Porém, se a medida for determinada na fase de investigação criminal e a ele for atribuída competência também para o processo principal (de conhecimento ou de execução, no qual, ao nosso juízo, será cabível a interceptação em hipóteses excepcionais de incidentes de conhecimento), cremos que este juiz estará comprometido pelo juízo prévio acerca dos indícios de autoria da infração penal. O nível de comprometimento psicológico está além do controle pessoal do juiz, que não terá como assegurar à Defesa que apesar de ter suspeitado do acusado, durante a etapa preliminar do procedimento, está pronto a aceitar os argumentos contrários à interceptação e a fundar seu atuar processual e a futura decisão nas regras derivadas da presunção de inocência (artigo 5.º, inciso LVII, da Constituição da República).

68) A única fórmula que salva a constitucionalidade de qualquer dispositivo legal destinado a regular o tema é a que introduz o juiz de garantias, conhecido em outros ordenamentos. Este juiz, que segundo nossa perspectiva é o juiz das cautelares[78], deve ser antes de mais nada um juiz "provido de garantias", tal seja, detentor das prerrogativas previstas no artigo 95 da Constituição da República (inamovibilidade, vitali-

---

Julio B. J. Maier, in: Direito Penal e Processual Penal: uma visão garantista, org. Gilson BONATO, Rio de Janeiro, Lumen Juris, 2001, p. 105-119.

[77] LOPES Jr., Aury. Sistemas de investigação preliminar no processo penal, 2ª ed., Rio de Janeiro, Lumen Juris, 2003, p. 165-167.

[78] Justiça se faça: todos os autores que perfilam as propostas garantistas do processo penal brasileiro perseguem a adoção do juiz de garantias, em linha em última análise preconizada por Luigi Ferrajoli em Derecho y Razón.

ciedade e irredutibilidade de subsídios), que em suma asseguram sua independência dentro do Poder Judiciário e fora dele. Caberá a ele conhecer e decidir sobre os requerimentos de interceptação das comunicações telefônicas na fase de investigação, bem como deliberar sobre prorrogação. Concluída a diligência e formulada a *opinio delicti* pelo titular da ação penal, a outro juiz será transferido o processo. Este novo juiz ficará responsável por decidir se recebe ou não a denúncia ou queixa, assim como tocará a ele conduzir o processo até o fim[79].

69) Em qualquer caso, a pré-falada condição de imparcialidade e sua fidelidade ao princípio acusatório, que prega escrupulosa separação das funções processuais entre acusador, juiz e Defesa, afastam por completo a determinação de interceptação das comunicações telefônicas de ofício, pelo juiz. Essa é a posição de Paulo Rangel[80] e também a nossa, defendida em Sistema Acusatório[81]. Além da proibição da atuação cautelar *ex officio*, o ponto derradeiro sobre o juiz natural e seu estatuto, diz respeito ao emprego da prova em outro processo, distinto, é claro, daquele para o qual foi produzida (supra, item 48, *b*).

---

[79] Sabemos que o ideal seria termos um juiz intermediário, para simplesmente apreciar e decidir acerca do recebimento da inicial acusatória, distinguindo-se daquele que deliberou sobre as cautelares na etapa preliminar e daquele que apreciará a questão de mérito. Isso, enfim, não é possível tendo em vista as dimensões continentais do Brasil e o notório déficit de magistrados. A divisão da atividade jurisdicional penal em duas etapas, todavia, é perfeitamente viável – e imperiosa, à luz da Constituição –, podendo ser implementada em nível dos Estados membros por lei estadual.

[80] RANGEL, Paulo. Direito Processual Penal, 8ª ed., Rio de Janeiro, Lumen Juris, 2004, p. 57.

[81] PRADO, Geraldo. Sistema Acusatório: a conformidade constitucional das leis processuais penais, 2ª ed., Rio de Janeiro, Lumen Juris, 2001, p. 157 e seguintes e 223 e seguintes. Jacinto Nelson de Miranda COUTINHO sustenta que a principal diferença entre os sistemas acusatório e inquisitório é encontrada na interpretação do princípio unificador de cada um deles. Este princípio é revelado pelo modo como é distribuída a gestão da prova. Nos casos em que o juiz tem poderes de gestão probatória, isto é, está autorizado a produzir provas de ofício, estamos diante de uma estrutura inquisitória (*O papel do novo juiz no processo penal*, **in** Crítica à teoria do direito processual penal, Rio de Janeiro, Renovar, 2001). Para Gustavo Henrique Righi Ivahy BADARÓ (O ônus da prova no processo penal, São Paulo, RT, 2003), este, todavia, não deve ser o critério distintivo. Gustavo Badaró admite atividade probatória do juiz, no processo, suplementando excepcionalmente a atividade das partes. Ada Pellegrini Grinover desenvolve argumentos que apóiam o ponto de vista de Gustavo Badaró (GRINOVER, Ada Pellegrini, A iniciativa instrutória do juiz no processo penal acusatório, **in** Revista Brasileira de Ciências Criminais n. 27, São Paulo, RT, 1999, p. 72).

70) Acreditamos que a proibição da chamada prova emprestada constitui imperativo constitucional. Com muito mais razão não será possível empregar como *prova emprestada*, em processo não penal, aquela que derivar de interceptação ordenada regularmente, ou seja, de acordo com as normas que concretizam (viabilizam as condições de aplicação do) o artigo 5.º, inciso XII, da Constituição. O obstáculo geral às provas emprestadas é a garantia do devido processo legal (artigo 5.º, inciso LIV, da Constituição da República), que se caracteriza, entre outros, pelo princípio do juiz natural, como foi visto linhas atrás. Na atualidade, não se postula apenas a identidade de partes e a submissão ao contraditório como condição de validade de determinada informação. É igualmente necessário que o juiz perante o qual a prova foi produzida seja competente para dirigir o processo[82]. O conceito jurídico *prova* distancia-se do sentido que lhe atribui o senso comum e se configura mediante a combinação de diversos fatores, alguns exteriores à informação em si, mas indispensáveis para que em âmbito jurídico a informação em questão seja qualificada como prova. O texto neste caso é vazio fora do contexto, ou, em outras palavras, o que parece prova por ser uma informação só é assim considerado quando ingressa em processo, perante juiz competente, e se submete ao contraditório. Como a informação fruto da interceptação somente pode ser adquirida por ordem de juiz criminal (de garantias ou das cautelares), para fins de investigação ou instrução processual penal[83] e será introduzida no processo sob presidência do juiz criminal competente, para neste contraditório diferido conquistar o *status* de prova em sentido estrito, essa mesma informação perderá essa condição – ou não a conquistará – se produzida perante juiz incompetente para o ato. **E os juízes não penais são incompetentes para esse procedimento por expressa decisão constitucional.**

71) Com isso não se confunde, todavia, o denominado *encontro fortuito*. Chama-se encontro fortuito a informação obtida em interceptação telefônica que traga indicações (indiciárias ou não) acerca de infração penal distinta da que estava sendo investigada pela mencionada via. Alguns autores procuram fixar critérios para a validade dessa prova, recorrendo ao direito estrangeiro para, por exemplo, postular a conexão ou continência como exigências impostergáveis[84].

---

[82] Artigo 5.º, inciso LIII, da Constituição da República.
[83] Nesta hipótese a proibição derivada da Constituição é ainda mais explícita.
[84] É o caso de Luiz Flávio Gomes (*op. cit.*, p. 194).

72) A nossa opinião não é essa. Com efeito, o encontro fortuito consiste em possibilidade concreta de toda iniciativa dirigida à aquisição de informações. Não se trata de privilégio das interceptações telefônicas. Também na busca e apreensão poderá ocorrer *encontro fortuito*. Na execução de ordem judicial para a apreensão de uma arma o executor da medida poderá encontrar um quilo de cocaína ou o cadáver insepulto de vítima de homicídio. Por evidente que haverá de apreender a droga e tomar as devidas providências em relação ao cadáver (chamar a perícia etc.).

73) No caso das interceptações telefônicas acontecerá a mesma coisa, com duas ressalvas. A interceptação não é admitida para a prova de infrações penais não punidas com reclusão. Ou seja, partindo do pressuposto de que a Constituição da República pode instituir fontes autônomas de justificação para determinados comportamentos e não admitir a justificação de outros, por critérios que os constituintes julgaram razoáveis[85], o legislador ordinário cumpriu a sua missão reguladora e estabeleceu que as informações derivadas de interceptação só servem como prova de crimes punidos com reclusão[86]. Assim, muito embora a informação sobre o crime punido com detenção exista (ou sobre a contravenção penal ou ainda acerca da infração penal de menor potencial ofensivo) e tenha sido obtida de modo lícito, pois a interceptação estava autorizada por juiz criminal, esta informação não será válida como prova dessas infrações e não poderá servir de base para a condenação[87].

74) A segunda ressalva está ligada ao princípio da obrigatoriedade[88]. Somos da opinião de que a obrigatoriedade não é princípio exclusivo da

---

[85] Vide Manoel da Costa Andrade (*op. cit.*, p. 20-80).
[86] Artigo 2.º, inciso III, da Lei n. 9.296/96.
[87] Como acentuamos no princípio deste capítulo, nosso objetivo não é esgotar o tema. Cumpre registrar aqui que a proibição de avaliação de provas obtidas por meios ilícitos, nos termos do inciso LVI, do artigo 5.º da Constituição, é temperada pelo emprego do critério constitucional da proporcionalidade, reconhecido pelo Supremo Tribunal Federal, que em determinados casos admitirá a prova, porém somente em favor do réu, nunca contra ele. Artigo 5.º, inciso LVI: "são inadmissíveis, no processo, as provas obtidas por meios ilícitos."
[88] Exame aprofundado sobre a obrigatoriedade poderá ser encontrado em Afrânio Silva JARDIM, Ação Penal Pública: princípio da obrigatoriedade, 4ª ed., Rio de Janeiro, Forense, 2001.

ação penal pública. Antes, se orienta também à investigação preliminar, como aliás fica evidente pela leitura do artigo 5.º, inciso I, do Código de Processo Penal. A autoridade policial deverá instaurar inquérito policial de ofício, quando tiver notícia de crime de ação pública incondicionada, porque nesta hipótese a opinião da vítima sobre a iniciativa da investigação é juridicamente irrelevante. A regra em questão está ligada à idéia da igualdade, princípio constitucional que reverencia tratamento simétrico entre sujeitos que estão na mesma situação. Quem quer que seja suspeito de um roubo, em qualquer lugar do país, e tenha contra si indícios de autoria, deverá ser investigado[89].

75) Ao contrário, se o crime não é de ação pública incondicionada, a vontade da vítima funciona como requisito de admissibilidade da atuação do poder público, atuação igualmente voltada à investigação (artigo 5.º, §§ 4.º e 5.º, do Código de Processo Penal[90]). Sem a manifestação da vítima não haverá investigação. Portanto, o *encontro fortuito*, que por óbvio prescinde dessa espécie de manifestação de vontade, não poderá ser levado em conta pelo juiz quando disser respeito a crimes de ação pública condicionada ou de ação penal de iniciativa privativa do ofendido.

76) Em síntese, a prova derivada do *encontro fortuito* será válida se relativa a crimes punidos com reclusão cuja ação penal seja pública incondicionada, independentemente de conexão ou continência. É preciso

---

[89] Sabe-se que na prática o sistema não funciona assim. Muitos fatores interferem e jogam peso significativo na decisão do quê ou de quem investigar (e não investigar). Os critérios informais de seletividade são estudados pela criminologia crítica e a real funcionalidade do sistema (assim como seu método) é revelada pela pena competente de Nilo BATISTA, Eugenio Raúl ZAFFARONI, Alejandro ALAGIA e Alejandro SLOKAR, em Direito Penal Brasileiro – I, Rio de Janeiro, Revan, 2003. O que se quer sublinhar são critérios republicanos de decisão, que tornam *públicas* as razões que levam, ou não, à investigação. A idéia da obrigatoriedade como sustentada no corpo do texto está fundada nisso, ou seja, diante de situações equivalentes cabe ao poder público deferir o mesmo tipo de tratamento aos sujeitos.
[90] Art. 5.º Nos crimes de ação pública o inquérito policial será iniciado:
I – de ofício;
...
§4.º O inquérito, nos crimes em que a ação pública depender de representação, não poderá sem ela ser iniciado;
§5.º Nos crimes de ação privada, a autoridade policial somente poderá proceder a inquérito a requerimento de quem tenha qualidade para intentá-la.

ter o máximo de cuidado para evitar a manipulação do Poder Judiciário, provocado para autorizar interceptação telefônica acerca de delito determinado[91] (intenção manifesta), quando na realidade o que se pretende é capturar provas de outra infração penal (intenção latente).

77) Encerramos a apreciação de questões pontuais, extraídas da aplicação da Lei n. 9.296, voltando ao tema da interceptação de dados, objeto de artigo publicado no Boletim IBCCRIM[92]. No início de 97 avançávamos posição acerca da constitucionalidade do parágrafo único do artigo 1.º da Lei n. 9.296/96 e, salvo por aspectos secundários, a nossa opinião não se modificou.

78) A Lei n. 9.296, de 25 de julho de 1996, regulamentou a interceptação das comunicações telefônicas, para fins de investigação criminal e instrução processual penal, atendendo a antiga reivindicação da doutrina, com o objetivo evidente de superar indesejável dissídio jurisprudencial. Vale destacar, todavia, que ao disciplinar a matéria o legislador ordinário aparentemente afastou-se do leito regulador previsto no inciso XII, do artigo 5.º, da Constituição da República, para incluir entre as hipóteses de violação a interceptação da comunicação em sistemas de informática e telemática, podendo ensejar interpretação rigorosa, pela qual se conclua neste aspecto inconstitucional a norma inferior. Acreditamos, no entanto, não seja esta a melhor conclusão, pois o conteúdo da regra infraconstitucional, antes de afrontar a Constituição da República, está adequado a ela uma vez que este conteúdo identifica na dinâmica da sociedade novas formas de violar gravemente bens jurídicos vitais. Para estas novas formas de violação de bens constitucionalmente tutelados cabe fazer operar a ação de investigação, sem desproteger a pessoa naquilo que lhe é mais precioso, sua individualidade.

79) Inicialmente, releva definirmos os objetos da nossa análise, para, assim, alcançarmos seguramente o conteúdo das normas constitucional e ordinária em condições de aquilatar-lhes a harmonia ou antinomia. Portugal adiantou-se à maioria dos Estados, editando legislação contemporânea ao moderno processo de revolução social, pelo uso doméstico, profissional e industrial dos computadores. A importância na vida das pessoas e das nações bem pode ser medida pela transformação – globalizante e imperativa – do antigo método industrial fordista de produção

---

[91] Artigo 2.º, parágrafo único, da Lei n. 9.296/96.

em um modelo tecnológico-industrial flexível[93], por si só suficiente a exigir do Estado novas concepções jurídicas, outros paradigmas, enfim, tudo quanto, no mundo do Direito, seja necessário para evitar conflitos e perpetuar direitos fundamentais inalienáveis.

80) Com base em tais propósitos, o Direito português passou a conhecer, desde 29 de abril de 1991, norma de proteção de dados pessoais face à informática – a Lei n. 10/91. Segundo dispõe o mencionado diploma, define-se Sistema Informático como sendo o "conjunto constituído por um ou mais computadores, equipamento periférico e suporte lógico que assegura o processamento de dados" (artigo 2.º, c). Pelo que seja do nosso conhecimento, as leis portuguesas não definiram Sistema Telemático, muito embora seja a telemática entendida como "ciência que trata da manipulação e utilização da informação através do uso combinado de computador e meios de telecomunicação[94]".

81) Em ambos os sistemas é possível encontrar um elemento comum, tal seja, o dado, objeto do processamento informatizado. Também em âmbito normativo, de proteção constitucional, conforme a norma já referida, importa sublinhar que foram feitas várias tentativas de defini-lo, desde o ponto de vista legal, como é o caso da lei portuguesa, que equipara dado à informação (artigo 2.º, a e b, da Lei n. 10/91), culminando com o esforço da doutrina[95], cujo exemplo mais marcante consta da monografia exemplar, de autoria de Sandra Medeiros Proença de Gouvêa, publicada em 1995 na Escola da Magistratura do Tribunal de Justiça do Rio de Janeiro e posteriormente transformada em livro[96]:

"Pode ser entendido como qualquer parte de uma informação, ou como algo que tem o poder de trazer qualquer informação. Também

---

[92] PRADO, Geraldo. A interceptação das comunicações telefônicas e o sigilo constitucional de dados operados em sistemas informáticos e telemáticos, Boletim IBCCRIM, n. 55, p. 13/4, Junho/1997.

[93] A análise das alterações profundas vivenciadas pelo Direito na esfera do novo paradigma realiza-se com sensibilidade por José Eduardo FARIA, in Direito e Globalização Econômica, São Paulo, Ed. Malheiros, 1996.

[94] FERREIRA, Aurélio Buarque de Holanda, in Novo Dicionário da Língua Portuguesa, Ed. Nova Fronteira, Rio de Janeiro, 1986, p. 1.658.

[95] PRADO, Geraldo; DOUGLAS, William. Comentários à Lei Contra o Crime Organizado, Belo Horizonte, Ed. Del Rey, 1995, p. 56.

[96] GOUVÊA, Sandra. O direito na era digital: crimes praticados por meio de informática, Rio de Janeiro, MAUAD, 1997.

pode significar, quando relacionado com computadores e informática, uma informação numérica de formato capaz de ser entendido, processado ou armazenado por um computador ou parte integrante de um sistema de computador. Ou, ainda, uma informação preparada para ser processada, operada ou transmitida por um sistema de computador ou por um programa de computador. Os dados podem expressar fatos, coisas certas ou comandos e instruções" (Anexo I, Glossário).

82) Em todo caso, fica claro que dado ou informação têm sentido, de acordo com a norma constitucional, inseridos no contexto de um processo automatizado ou informatizado, gozando de proteção por que, para ficarmos com a posição de além-mar, "com a evolução da informática, os direitos e liberdades fundamentais podem ser postos em crise[97]". A violação da nossa intimidade, a penetração na esfera da nossa privacidade, tudo isso, com efeito, está em risco maior a partir do momento em que o computador, supremo regente da apressada vida moderna, passa a exercer a função de verdadeiro cofre dos nossos sentimentos e disposições mais pessoais. Com base na constatação de que modernamente a afirmação clássica *my home is my castle* está esvaziada pelo processo cortante da penetração informática em nossos segredos[98], ergue-se a barreira normativo-constitucional, nos limites que adiante observaremos.

83) Sobre o âmbito demarcado dos nossos segredos, não surpreende a ninguém, pois, a afirmação de que a personalidade possui contornos tais, dentro dos quais o que nos diz respeito deve ficar fora do alcance de outras pessoas. É a intimidade, cuja revelação depende exclusivamente da vontade livre do sujeito do direito, que pode, entretanto, estabelecer um círculo mais ou menos restrito, dentro do qual admite compartilhar suas vivências, experiências – a família, o clube que freqüenta, o ambiente profissional. É a vida privada.

84) Considerando a importância do privado[99], o legislador constituinte marcou posição, assegurando a esfera mínima de inviolabilidade,

---

[97] EIRAS, Agostinho. Segredo de Justiça e Controle de Dados Pessoais Informatizados, Portugal, Coimbra, Ed. Coimbra, 1992, p. 66.

[98] BASTOS, Celso Ribeiro; MARTINS, Ives Gandra. Comentários à Constituição do Brasil, v. 2; São Paulo, Saraiva, 1989, p. 71.

[99] Convém, nesta perspectiva, ler de NEVES, Serrano, A Tutela Penal da Solidão, Ed. Trabalhistas, Rio de Janeiro, 1981, e de COSTA JR., Paulo José da, O Direito de Estar Só – Tutela Penal da Intimidade, Ed. Revista dos Tribunais, São Paulo, 1995.

sem prejuízo de delimitar, obedecendo a critério de transparência, o direito de informação – art. 5.º, inciso XIV, da CR – quer quanto a ser informado como quanto a informar, de acordo com a ética e velando pelo princípio da autenticidade do que se informa[100]. Neste tópico convém frisar que a adoção do princípio da proporcionalidade ou razoabilidade há de ser invocado para resolver eventual conflito produzido pela colisão dos direitos fundamentais, porém, fica evidente o desígnio do legislador de que não existe uma esfera absoluta de privacidade, quando o processo comunicativo versar sobre fatos do interesse público ou comum.

85) Assim, enquanto a tutela da intimidade nos assegura não sermos invadidos para revelarmos nosso modo de pensar ou as razões do nosso agir, não importando ao mundo exterior o que se passa em nós, ao contrário, quando decidirmos nós mesmos compartilharmos os nossos íntimos segredos com outrem, nos posicionamos na condição de vermos violada a privacidade se e na medida em que o interesse social reclamar. Não somos livres, pois, para deliberarmos sobre o ilícito, extravasando a nossa pretensão de delinqüir.

86) Deste modo, ao realizarmos o processo comunicativo, ao interagirmos, a nossa privacidade corre o risco de ser violada legalmente. Desde que se justifique, mediante o devido processo legal e à consideração pelo juiz da extrema necessidade da medida, a privacidade pode ser afetada. Isso pode ocorrer, com freqüência, quando dois ou mais agentes resolvem por em prática, executar, projeto criminoso. Se o fazem, comunicando-se entre si por meio de cartas, estas podem ser apreendidas, uma vez que há justo motivo. É bem verdade que não podem ser interceptadas, pois o processo comunicativo há de ser preservado à luz da Constituição. Não obstante, repousadas em poder do destinatário, poderão ser arrecadadas, desde que haja ordem judicial neste sentido, emanada em verdadeiro procedimento penal de índole cautelar[101].

87) A proibição da interceptação obedece à intenção clara do legislador de impedir o devassamento irrestrito da nossa intimidade, com os danos morais e patrimoniais que a devassa possa ocasionar, sem prejuízo do uso ilícito e descontrolado das informações.

---

[100] Ver, de CASTANHO DE CARVALHO, Luis Gustavo Grandinetti, Liberdade de Informação e o Direito Difuso à Informação Verdadeira, Rio de Janeiro, Ed. Renovar, 1994.
[101] BARROS, Romeu Pires de Campos, Processo Penal Cautelar, Rio de Janeiro, Forense, 1982.

88) No exemplo dado, porém, não é difícil perceber que a carta – como ela também o telegrama e os dados contidos em bancos de dados – repousa ao final em poder do destinatário, conferindo exeqüibilidade à medida destinada a apreendê-la, com relativo grau de segurança. O mesmo não acontece com a comunicação telefônica, conforme salientou com extrema lucidez Tercio Sampaio Ferraz Junior, referindo-se a norma constitucional:

"Note-se, antes de mais nada, que dos quatro meios de comunicação ali mencionados – correspondência, telegrafia, dados, telefonia – só o último se caracteriza pela sua instantaneidade. [102]"

89) Portanto, se os dados da comunicação desaparecem imediatamente após esta ser concluída, nada existe a apreender que possa ser objeto de uma ação investigativa eficaz, salvo se a própria comunicação for violada. Como salientou Tercio Ferraz, não são os dados o objeto da proteção constitucional, mas sim a sua comunicação, que poderá excepcionalmente ser afetada, quando de outro modo não for possível apreender a informação. Destaca:

"Ora, como vimos, o inciso XII (proteção à comunicação de dados) impede o acesso à própria ação comunicativa, mas não aos dados comunicados.[103]"

90) Desde o início sublinhamos que a todos surpreende a velocidade dos tempos modernos. Não nos assustemos, pois, se concluirmos que mesmo o constituinte não haja conseguido elaborar um tipo capaz de conter todas as situações práticas possíveis. No Brasil, em 1988, era impensável falarmos em Internet, na instantaneidade dos dados transmitidos via telemática ou informática, sem suporte ou repouso em banco de dados. O E-mail, a caixa postal informática, que a um simples teclar de máquina faz desaparecer a mensagem (instrumento da comunicação e a um só tempo seu objeto) não constava das nossas cogitações, à semelhança do Direito português (artigo 187.º do Código de Processo Penal) e diferentemente do italiano, em cujo modelo parece haver se inspirado a nossa lei (artigo 266 bis do Codice di Procedura Penale). Assim dispõe

---

[102] FERRAZ, Tercio Sampaio. Sigilo de Dados: O Direito à Privacidade e os Limites à Função Fiscalizadora do Estado, Cadernos de Direito Constitucional e Ciência Política, São Paulo, n.º 1, pp. 76-90, out./dez. 1992.

[103] *Op. cit.*, p. 85.

a lei italiana: *"Nei procedimenti relativi ai reati indicati nell' articolo 266, nonché a quelli commessi mediante l'impiego di tecnologie informatiche o telematiche, è consentita l'intercettazione del flusso di comunicazioni relativi a sistemi informatici o telematici ovvero intercorrente tra più sistemi."*

91) É razoável concebermos, especialmente em determinado tipo de criminalidade, duas pessoas que projetem e executem ação delituosa, comunicando-se via Internet, sem deixar rastros do teor da comunicação. A apreensão da máquina – hardware – não oferecerá condições ao investigador de descobrir as provas da ação praticada. Sem dúvida, a intervenção na ação comunicativa, nestas circunstâncias, oferece riscos. Não são diferentes, entretanto, dos riscos que a comunicação telefônica interceptada oferece, e para arrostá-los a lei prevê medidas de segurança, calcadas no devido processo legal.

92) Quando os dados informáticos repousarem em bancos de dados, a sua comunicação não poderá ser objeto de interceptação, pois assim estaria sendo violada a Constituição. Porém, interpretada sistemática e teleologicamente não haverá contraste com a norma de garantia a interceptação determinada à luz do *due process of law*, para fins de instrução criminal ou investigação da mesma natureza, quando se tratar de dados transmissíveis de modo a não repousarem em banco de dados ou forma similar, que permita a apreensão.

93) É preciso, assim pensamos, ter em mente os fins da tutela deferida pelo constituinte, que em momento algum poderá ter construído regra que pudesse servir de escudo para a prática de crimes, assegurando-se, sem questionamentos, a intimidade e, nos limites da licitude da comunicação, a vida privada.

94) Com efeito, é possível colocar em relevo:
   a) O objeto da proteção constitucional (inciso XII, do artigo 5.º) é a comunicação;
   b) A comunicação telefônica, em determinadas circunstâncias, não se insere na proteção;
   c) A exceção é ditada pelo caráter instantâneo da comunicação telefônica, não permitindo a apreensão da informação, de outro modo, para fim de prova;

d) A comunicação de dados, por qualquer meio automatizado, desde que os dados repousem em banco de dados ou em algo similar não é passível de interceptação;
e) Nem todos os dados informáticos, porém, repousam ao final do processo comunicativo em banco de dados;
f) Neste último caso, as razões que autorizam a interceptação das comunicações telefônicas são as mesmas, prevalecendo o brocardo latino *ubi eadem ratio, ibi eadem juris dispositio*, não conflitando com o sistema e a finalidade da imposição da regra constitucional.

Palavras finais

95) Reafirmamos o que foi dito no início. Este texto não foi concebido para ser lido como análise artigo por artigo da Lei n. 9.296/96, tampouco texto típico de direito comparado (Brasil – Portugal). Certos aspectos foram ressaltados, especialmente na parte final, para deixar o leitor a par das idéias que nos orientam em termos de hermenêutica aplicada ao processo penal. O viés constitucional é evidente e a simetria com o tratamento dispensando ao tema pelo Código de Processo Penal português segue em razão de sua inegável importância. Ao menos esse era nosso propósito.

96) A verdadeira razão de publicar o texto está, todavia, sublinhada na introdução e na colocação do problema, capítulos iniciais que registram nossa tese central. A base de interpretação da Lei n. 9.296/96 – e das que vierem a sucedê-la, regulando a matéria –, é a metódica constitucional. E por metódica constitucional não se deve entender a simples subsunção da norma infraconstitucional a artigo da própria Constituição da República, mas ao conjunto sistemático da Constituição, a ser apreciado mediante a identificação das categorias jurídicas que definem cada assunto.

97) No caso, trata-se de limitação ao exercício de direitos fundamentais. É no campo das restrições ao exercício destes direitos – e, por oposição, no das suspensões – que devemos buscar a orientação constitucional adequada.

98) O nosso objetivo, como sem dúvida, também é o objetivo dos tribunais, consiste em interpretar, integrar e aplicar as disposições sobre interceptação das comunicações telefônicas conforme a Constituição da República. A defesa da Constituição é a defesa, ao nosso juízo, do pacto civilizatório.

99) Pelo mesmo propósito foi orientada a análise sobre o tema em relação à nova redação do artigo 187.º, 6, do Código de Processo Penal português.

Bibliografia

ANDRADE, Manuel da Costa. Sobre as proibições de prova em processo penal, reimpressão, Coimbra, 2006.
ANDRADE, Vera Regina Pereira. Dogmática Jurídica: escorço de sua configuração e identidade. Porto Alegre, Livraria do Advogado, 1996.
ANDRÉS IBÁÑEZ, Perfecto. Garantia judicial dos direitos humanos, Separata da Revista do Ministério Público n. 78, Lisboa, 1999.
BADARÓ, Gustavo Henrique Righi Ivahy. O ônus da prova no processo penal, São Paulo, RT, 2003.
BAPTISTA DA SILVA, Ovídio. Do processo cautelar, Rio de Janeiro, Forense, 1999.
BARATTA, Alessandro. Criminologia crítica e crítica do direito penal, Rio de Janeiro, Revan, 1997.
BARROS, Romeu Pires de Campos, Processo Penal Cautelar, Rio de Janeiro, Forense, 1982.
BARROS, Suzana de Toledo. O princípio da proporcionalidade e o controle de constitucionalidade das leis restritivas de direitos fundamentais, Brasília, Brasília Jurídica, 1996.
BASTOS, Celso Ribeiro; MARTINS, Ives Gandra. Comentários à Constituição do Brasil, v. 2; São Paulo, Saraiva, 1989.
BATISTA, Nilo, Eugenio Raúl ZAFFARONI, Alejandro ALAGIA e Alejandro SLOKAR. Direito Penal Brasileiro – I, Rio de Janeiro, Revan, 2003.
CAMPILONGO, Celso Fernandes. Direito e Democracia, São Paulo, Max Limonad, 1997.
CANOTILHO, J. J. Gomes. Constituição dirigente e vinculação do legislador: contributo para a compreensão das normas constitucionais programáticas, 2ª edição, Coimbra, 2001.
_____ e MOREIRA, Vital. Constituição da República Portuguesa Anotada, vol. 1, 4ª ed. portuguesa revista, São Paulo, Coimbra/RT, 2007.

CASTANHO DE CARVALHO, Luis Gustavo Grandinetti, Liberdade de Informação e o Direito Difuso à Informação Verdadeira, Rio de Janeiro, Ed. Renovar, 1994.
CHOUKR, Fauzi Hassan. Processo Penal de Emergência, Rio de Janeiro, Lumen Juris, 2002.
COSTA JR., Paulo José da, O Direito de Estar Só – Tutela Penal da Intimidade, Ed. Revista dos Tribunais, São Paulo, 1995.
COUTINHO, Jacinto Nelson de Miranda. *O papel do novo juiz no processo penal*, **in** Crítica à teoria do direito processual penal, Rio de Janeiro, Renovar, 2001.
DELMANTO, Roberto e DELMANTO Jr., Roberto. A permissão constitucional e a nova lei de interceptação telefônica. Boletim IBCCRIM n. 47, outubro de 1996.
EIRAS, Agostinho. Segredo de Justiça e Controle de Dados Pessoais Informatizados, Portugal, Coimbra, Ed. Coimbra, 1992.
FARIA, José Eduardo. Poder e Legitimidade, São Paulo, Perspectiva, 1978.
_____. Direito e Globalização Econômica, São Paulo, Ed. Malheiros, 1996.
FERNANDES, Antonio Scarance. *Interceptações telefônicas: aspectos processuais da nova lei*, Boletim IBCCRIM, ed. especial, 45 – agosto de 1996.
FERRAJOLI, Luigi. *El derecho como sistema de garantías*, **in:** Derechos y garantías: la ley del más débil, Madrid, Trotta, 1999.
_____. Derecho y razón: Teoría del garantismo penal, 4ª edición, Madrid, Trotta, 2000.
FERRAZ Jr., Tercio Sampaio. Sigilo de Dados: O Direito à Privacidade e os Limites à Função Fiscalizadora do Estado, Cadernos de Direito Constitucional e Ciência Política, São Paulo, n.º 1, pp. 76-90, out./dez. 1992.
FOUCAULT, Michel. A verdade e as formas jurídicas, Rio de Janeiro, NAU, 1999.
FRAGOSO, Heleno Cláudio. *A defesa do padre Reginaldo Veloso* **in:** Advocacia da Liberdade, Rio de Janeiro, Forense, 1984.
FRANCO, Alberto Silva. Crimes Hediondos, 4ª edição, São Paulo, RT, 2000.
GOMES, Luiz Flávio e CERVINI, Raúl. Interceptação telefônica, São Paulo, RT, 1997.
GOMES FILHO, Antonio Magalhães. *A violação do princípio da proporcionalidade pela Lei 9.296/96*, Boletim IBCCRIM, ed. especial, 45 – agosto de 1996.
GOUVÊA, Sandra. O direito na era digital: crimes praticados por meio de informática, Rio de Janeiro, MAUAD, 1997.
GOUVEIA, Jorge Bacelar. O Estado de Excepção no Direito Constitucional: entre a eficiência e a normatividade das estruturas de defesa extraordinária da Constituição, vol. II, Coimbra, Almedina, 1998.
GRECO FILHO, Vicente. Interceptação telefônica, São Paulo, Saraiva, 1996.

GRINOVER, Ada Pellegrini, A iniciativa instrutória do juiz no processo penal acusatório, in Revista Brasileira de Ciências Criminais n. 27, São Paulo, RT, 1999.

HASSEMER, Winfried e Alfredo Chirino SÁNCHEZ. El derecho a la autodeterminación informativa y los retos del procesamiento automatizado de datos personales, Buenos Aires, Del Puerto, 1997.

JARDIM, Afrânio Silva. Ação Penal Pública: princípio da obrigatoriedade, 4ª ed., Rio de Janeiro, Forense, 2001.

LOPES Jr., Aury. Sistemas de investigação preliminar no processo penal, 2ª ed., Rio de Janeiro, Lumen Juris, 2003.

LOPES, José Mouraz. Escutas telefónicas: seis teses e uma conclusão. **In:** *Revista do Ministério Público*, Ano 26, out-dez 2005, n.º. 104.

MIRANDA, Jorge. Manual de Direito Constitucional, Tomo IV, Direitos Fundamentais, Coimbra, 1998.

MIRANDA, Pontes. Comentários à Constituição de 1967 com a emenda n. 1 de 1969, tomo V, Rio de Janeiro, Forense, 1987.

MONTERO AROCA, Juan. La intervención de las comunicaciones telefónicas en el proceso penal (un estudio jurisprudencial), Valencia, Tirant lo Blanch, 1999.

MOREIRA, Vital e CANOTILHO, J. J. Gomes. Constituição da República Portuguesa Anotada, vol. 1, 4ª ed. portuguesa revista, São Paulo, Coimbra/RT, 2007.

NEVES, Serrano, A Tutela Penal da Solidão, Ed. Trabalhistas, Rio de Janeiro, 1981.

PASSOS, J. J. Calmon. Direito, poder, justiça e processo: julgando os que nos julgam. Rio de Janeiro, Edição Revista Forense, 1999.

PRADO, Geraldo. *Duplo grau de jurisdição no processo penal brasileiro: visão a partir da Convenção Americana de Direitos Humanos em homenagem às idéias de Julio B. J. Maier*, **in:** Direito Penal e Processual Penal: uma visão garantista, org. Gilson BONATO, Rio de Janeiro, Lumen Juris, 2001.

_____. Sistema Acusatório: a conformidade constitucional das leis processuais penais, 2ª ed., Rio de Janeiro, Lumen Juris, 2001.

_____. A interceptação das comunicações telefônicas e o sigilo constitucional de dados operados em sistemas informáticos e telemáticos, Boletim IBCCRIM, n. 55, p. 13/4, Junho/1997.

_____; DOUGLAS, William. Comentários à Lei Contra o Crime Organizado, Belo Horizonte, Ed. Del Rey, 1995.

RANGEL, Paulo. Direito Processual Penal, 8ª ed., Rio de Janeiro, Lumen Juris, 2004.

SARLET, Ingo Wolfgang. Dignidade da Pessoa Humana e Direitos Fundamentais na Constituição Federal de 1988, Porto Alegre, Livraria do Advogado, 2001.

STRECK, Lênio Luiz e FELDENS, Luciano. Crime e Constituição: A legitimidade da função investigatória do Ministério Público, Rio de Janeiro, Forense, 2003.
STRECK, Lênio Luiz. As interceptações telefônicas e os direitos fundamentais, Porto Alegre, Livraria do Advogado, 1997.
TAVARES, Juarez. Teoria do Injusto Penal, Belo Horizonte, Del Rey, 2000.
ZAGREBELSKY, Gustavo. El derecho dúctil: ley, derechos y justicia, Madrid, Trotta, 1997.

ANEXO

PROJETO DE LEI N.º   , DE   DE   DE 2008

> Regulamenta a parte final do inciso XII do art. 5º da Constituição e dá outras providências.

O PRESIDENTE DA REPÚBLICA Faço saber que o Congresso Nacional decreta e eu sanciono a seguinte Lei:

CAPÍTULO I
VIII. DAS DISPOSIÇÕES GERAIS

Art. 1º Esta Lei disciplina a quebra, por ordem judicial, do sigilo das comunicações telefônicas de qualquer natureza, para fins de investigação criminal e instrução processual penal.

§ 1º Para os fins desta Lei, considera-se quebra do sigilo das comunicações telefônicas de qualquer natureza, todo ato que intervém no curso dessas comunicações com a finalidade de conhecer as informações que estão sendo transmitidas, incluindo a interceptação, escuta e gravação.

§ 2º O registro, a análise e a utilização da informação contida nas comunicações, objeto de quebra de sigilo por ordem judicial, sujeitam-se, no que couber, ao disposto nesta Lei.

§ 3º O disposto nesta Lei aplica-se ao fluxo de comunicações em sistemas de tecnologia da informação e telemática.

Art. 2º A quebra do sigilo das comunicações telefônicas de qualquer natureza é admissível para fins de investigação criminal e instrução processual penal relativas aos crimes apenados com reclusão e, na hipótese de crime apenado com detenção, quando a conduta delituosa tiver sido realizada por meio dessas modalidades de comunicação.

Parágrafo único. Em nenhuma hipótese poderão ser utilizadas as informações resultantes da quebra de sigilo das comunicações entre o investigado ou acusado e seu defensor, quando este estiver atuando na função.

Art. 3º A gravação de conversa própria, com ou sem conhecimento do interlocutor, não se sujeita às disposições desta Lei.

CAPÍTULO II
DO PROCEDIMENTO

Art. 4º O pedido de quebra de sigilo das comunicações telefônicas de qualquer natureza será formulado por escrito ao juiz competente, mediante requerimento do Ministério Público ou representação da autoridade policial, ouvido, neste caso, o Ministério Público, e deverá conter:

I – a descrição precisa dos fatos investigados;

II – a indicação da existência de indícios suficientes da prática do crime objeto da investigação;

III – a qualificação do investigado ou acusado, ou esclarecimentos pelos quais se possa identificá-lo, salvo impossibilidade manifesta devidamente justificada;

IV – a demonstração de ser a quebra de sigilo da comunicação estritamente necessária e da inviabilidade de ser a prova obtida por outros meios; e

V – a indicação do código de identificação do sistema de comunicação, quando conhecido, e sua relação com os fatos investigados.

Art. 5º O requerimento ou a representação será distribuído e autuado em separado, sob segredo de justiça, devendo o juiz competente, no prazo máximo de vinte e quatro horas, proferir decisão fundamentada, que consignará de forma expressa, quando deferida a autorização, a indicação:

I – dos indícios suficientes da prática do crime;

II – dos indícios suficientes de autoria ou participação no crime, salvo impossibilidade manifesta devidamente justificada;

III – do código de identificação do sistema de comunicação, quando conhecido, e sua relação com os fatos investigados; e

IV – do prazo de duração da quebra do sigilo das comunicações.

§ 1º O prazo de duração da quebra do sigilo das comunicações não poderá exceder a sessenta dias, permitida sua prorrogação por iguais e sucessivos períodos, desde que continuem presentes os pressupostos autorizadores da medida, até o máximo de trezentos e sessenta dias ininterruptos, salvo quando se tratar de crime permanente, enquanto não cessar a permanência.

§ 2º O prazo correrá de forma contínua e ininterrupta e contar-se-á a partir da data do início da quebra do sigilo das comunicações pela prestadora responsável pela comunicação, que deverá comunicar este fato, imediatamente, por escrito, ao juiz.

§ 3º Para cada prorrogação será necessária nova decisão judicial fundamentada, observado o disposto no **caput**.

§ 4º Durante a execução da medida de quebra de sigilo, caso a autoridade policial identifique que o investigado ou acusado passou a fazer uso de outro número, código ou identificação em suas comunicações, poderá formular, em caráter de urgência, pedido oral, que será reduzido a termo, de nova interceptação ao juiz, cuja decisão deverá ser proferida no prazo máximo de vinte e quatro horas.

§ 5º Adotadas as providências de que trata o § 4º, os autos seguirão para manifestação do Ministério Público e retornarão à autoridade judiciária que, então, reapreciará o pedido.

Art. 6º Contra decisão que indeferir o pedido de quebra de sigilo caberá recurso em sentido estrito do Ministério Público, podendo o relator, em decisão fundamentada, conceder liminarmente o pedido de quebra.

Parágrafo único. O recurso em sentido estrito tramitará em segredo de justiça, e será processado sem a oitiva do investigado ou acusado, a fim de resguardar a eficácia da investigação.

Art. 7º Do mandado judicial que determinar a quebra do sigilo das comunicações deverão constar a qualificação do investigado ou acusado, quando identificado, ou o código de identificação do sistema de comunicação, quando conhecido.

§ 1º O mandado judicial será expedido em duas vias, uma para a prestadora responsável pela comunicação e outra para a autoridade que formulou o pedido de quebra do sigilo das comunicações.

§ 2º O mandado judicial poderá ser expedido por qualquer meio idôneo, inclusive o eletrônico ou similar, desde que comprovada sua autenticidade.

Art. 8º A prestadora responsável pela comunicação deverá implementar a quebra do sigilo autorizada, indicando ao juiz o nome do profissional responsável pela operação técnica, no prazo máximo de vinte e quatro horas, contado do recebimento da ordem judicial, sob pena de multa até o efetivo cumprimento da ordem, sem prejuízo das demais sanções cabíveis.

Parágrafo único. A prestadora a que se refere o caput não poderá alegar como óbice para a implementação da quebra do sigilo questão relativa ao ressarcimento dos custos pelos serviços de sua responsabilidade, prestados para esse fim, que serão gratuitos.

Art. 9º A decretação da quebras de sigilo de comunicação caberá ao juiz competente para o julgamento do crime investigado ou responsável pelo inquérito.

Art. 10. A execução das operações técnicas necessárias à quebra do sigilo das comunicações será efetuada sob a supervisão da autoridade policial e fiscalização do Ministério Público.

Art. 11. Findas as operações técnicas, a autoridade policial encaminhará, no prazo máximo de sessenta dias, ao juiz competente, todo o material produzido, acompanhado de auto circunstanciado, que deverá conter o resumo das operações realizadas.

Parágrafo único. Decorridos sessenta dias do encaminhamento do auto circunstanciado, a autoridade policial inutilizará qualquer material obtido em virtude da quebra do sigilo das comunicações, salvo determinação judicial em contrário.

Art. 12. Recebido o material produzido, o juiz dará ciência ao Ministério Público para que, se julgar necessário, requeira, no prazo de dez dias, diligências complementares.

Art. 13. Não havendo requerimento de diligências complementares ou após a realização das que tiverem sido requeridas, o juiz intimará o investigado ou acusado, para que se manifeste, fornecendo-lhe cópia identificável de todo o material produzido.

Art. 14. As dúvidas a respeito da autenticidade ou integridade do material produzido serão dirimidas pelo juiz, aplicando-se, no que couber, o disposto nos arts. 145 a 148 do Código de Processo Penal.

Art. 15. Conservar-se-á em cartório, sob segredo de justiça, as fitas magnéticas ou quaisquer outras formas de registro das comunicações cujo sigilo fora quebrado até o trânsito em julgado da sentença, quando serão destruídos na forma a ser indicada pelo juiz, de modo a preservar a intimidade dos envolvidos.

Parágrafo único. Não se procederá a referida destruição enquanto for possível a revisão criminal.

Art. 16. Na hipótese de a quebra do sigilo das comunicações telefônicas de qualquer natureza revelar indícios de crime diverso daquele para o qual a autorização foi dada e que não lhe seja conexo, a autoridade deverá remeter ao Ministério Público os documentos necessários para as providências cabíveis.

Art. 17. A prova obtida por meio da quebra de sigilo das comunicações telefônicas de qualquer natureza realizada sem a observância desta Lei não poderá ser utilizada em qualquer investigação, processo ou procedimento, seja qual for sua natureza.

Art. 18. Correrão em segredo de justiça os inquéritos e processos que contiverem elementos informativos ou provas obtidos na forma desta Lei.

CAPÍTULO III
DAS DISPOSIÇÕES FINAIS

Art. 20. As gravações ambientais de qualquer natureza, quando realizadas pela autoridade policial, sujeitam-se às disposições desta Lei, no que couber.

Art. 21. Fica o Poder Executivo autorizado a instituir, para fins exclusivamente estatísticos e de planejamento de ações policiais, sistema centralizado de informações sobre quebra de sigilo de comunicações telefônicas de qualquer natureza, na forma do regulamento.

Parágrafo único. O sistema de que trata o caput não conterá o conteúdo das comunicações realizadas nem os códigos de identificação ou outros elementos e meios capazes de identificar os envolvidos, inclusive investigados e acusados.

Art. 22. A Agência Nacional de Telecomunicações – ANATEL regulamentará, no prazo de cento e oitenta dias, o padrão dos recursos tecnológicos e facilidades necessárias ao cumprimento desta Lei, a serem disponibilizados gratuitamente por todas as prestadoras responsáveis pela comunicação.

Art. 23. O Decreto-Lei nº 2.848, de 7 de dezembro de 1940 – Código Penal, passa a vigorar acrescido do seguinte dispositivo:

"**Violação do sigilo das comunicações telefônicas**

Art. 151-A. Violar sigilo de comunicação telefônica de qualquer natureza, sem autorização judicial ou com objetivos não autorizados em lei.

Pena – reclusão, de dois a quatro anos, e multa.

Parágrafo único. Incorre na mesma pena quem violar segredo de justiça de quebra do sigilo de comunicação telefônica de qualquer natureza."

Art. 24. O art. 581 do Decreto-Lei n.º 3.689, de 3 de outubro de 1941 – Código de Processo Penal, passa a vigorar acrescido do seguinte inciso XXV:

"Art. 581. ....
....

XXV – que indeferir o pedido de quebra do sigilo das comunicações telefônicas de qualquer natureza."

Art. 25. Aplicam-se subsidiariamente a esta Lei, no que com ela não colidirem, as disposições do Código de Processo Penal e do Código de Processo Penal Militar.

Art. 26. Revoga-se a Lei n.º 9.296, de 24 de julho de 1996.

Art. 26. Esta Lei entra em vigor sessenta dias após a data de sua publicação.

Brasília, de   de 2008; 187.º da Independência e 120.º da República.

ÍNDICE

Apresentação 7

Sistemas Processuais do Brasil e Portugal – Estudo Comparado – *L. G. Grandinetti Castanho de Carvalho* e *Nuno Brandão* 11

Notas Soltas sobre as Alterações de 2007 ao Código de Processo Penal Português – *Germano Marques da Silva* 71

Limite às Interceptações Telefônicas: a Jurisprudência do Superior Tribunal de Justiça no Brasil e a Alteração Introduzida no Código de Processo Penal Português (Lei n.º 48/2007) – *Geraldo Prado* 95

Anexo 147